경성에서 보낸 하루

경성에서 보낸 하루

김향금 지음

스푼북

일상의 재발견과 함께

이 책이 세상에 나온 지 오 년이 흘렀다. 초판 발행일은 2018년 8월 15일 광복절. 참 깜찍도 하지! 초판 발행일에는 일제 강점기의 생활사를 다루면서도 엄혹한 당시 현실을 잊지 않겠는 의지가 담겨 있다.

오 년이라는 길지 않은 세월 동안 그 누구도 예상치 못한 일대 사건이 벌어졌다. 코로나-19의 세계적인 대유행이었다. 전쟁에 버금가는, 그간 경험해 보지 못한 공포가 우리를 덮쳤다. 전시도 아닌데 수많은 죽음을 목격하는 일을 상상해 본 사람이 얼마나 될까?

곧 학교와 회사가 문을 닫았고 시장이 폐쇄되었다. 평화로운 일상을 대표하는 게 시장인데, 시장이 사라져 버린 일은 충격 그 자체였다. 말 그대로 모든 일상이 멈추었다. 일상이 얼어붙는 모습에 어지럼증을 느꼈다.

차츰 마스크에 익숙해질 무렵, 일상이 다시금 조잘조잘 찾아오는 순간순간이 경이로웠다. 아이들이 두꺼운 마스크를 쓴 채 운동장에서 열심히 뛰어노는 모습이나 카페에서 사람들이 마스크를 잠시 내리고 커피 한 모금을 재빨리 입에 털어 넣는 광경을 보며, 그 어떤 순간에도 일상이 지속된다는 사실에 새삼 마음이 놓였다.

고백건대, 경성 사람들에 대해 불편한 감정을 지녔었다. 1931년 만주 사변에 이어 1937년 중일 전쟁의 공포가 너울거리는 시기에 돈가스를 먹고 꽃놀이를 즐기고 본정의 밤거리를 거닐다니! 식민 지배자와 함께 등장한 근대 문명, 그 문명을 따르고자 한 강렬한 선망, 유행이 유행하는 시대와 부박하고 화려한 경성의 밤거리를 어슬렁거리며 배회하던 사람들에 대한 '눈 흘김'이었다.

우리에게 근대란, 양팔저울에 독립운동과 근대 문명이라는 추를 놓고 그 사이에서 절묘하게 균형을 잡는 일이다. 코로나-19를 겪고 나서, 팽팽한 긴장을 잃고 무게 추가 일상 쪽으로 기울 수도 있다는 사실을 깨달았다. 전쟁의 공포 앞에서 태연한 척 일상생활을 영위한 경성 사람들을 조금 더 이해할 수 있게 되었다고나 할까. 여기에는 우리가 한때 식민 지배자였던 일본과 경제적·문화적으로 대등해지기 시작했다는 사실도 한몫한다.

코로나-19가 유행하던 시기는, 일제 강점기를 살아간 경성 사람들이 버틴 일상의 무게를 재발견한 시간이었다.

2024년 청계산 망경대가 보이는 오솔길을 걸으며

1930년대 경성 거리를 거닐어 볼까?

이 책은 청소년과 함께 떠나는 경성 여행기이다. 경성은 일제 강점기의 서울을 말한다. '어느 봄날, 경성에서 하루를 보낸다면?'이라는 가정 아래, 경성의 이곳저곳을 어슬렁거린 기록이다.

이번 여행을 떠나는 이유는 분명하다. 나라를 빼앗긴 식민지 경성에서 보통 사람들이 어떻게 하루하루를 살아갔을지, 악랄한 일제의 식민 지배가 사람들의 일상생활을 어떻게 조여 왔을지 궁금하기 때문이다.

일제 강점기로 떠나는 시간 여행이라고 해서 독립운동의 현장만 돌아보지는 않을 것이다. 꼭 기억해야 할 저항의 현장에도 들르겠지만, 근대 문명이 화려하게 꽃을 피운 장소도 방문할 것이다. 어찌 됐든 근대 문명은 '식민 지배자'와 함께 경성에 도착했다. 대부분의 사람들이 낯설어 하면서도 매혹적인 근대 문명에 선망의 눈길을 보낸 것도 사실이니까.

대체로 멀찌감치 떨어져서 경성 사람들을 관찰하겠지만, 몇몇 실존했던 유명 인물에게 바짝 다가가서 경성을 함께 거닐 것이다. 여러분도 잘 아는 유명인이 누구인지 한껏 기대해도 좋다!

이 책은 여행기이기는 해도 어엿한 역사책이다. 일제 강점기 생활사에 속한다고 할 수 있겠다. 하고많은 역사책 중에서 왜 하필 생활사냐고? 거리에서, 집에서, 학교에서, 카페에서, 경성 사람들의 소소한 일상을 접하면서 현대의 우리를 비추는 '역사의 거울'과 마주할 테니까!

1930년대는 우리가 사는 현대 생활의 거대한 뿌리이다. 특히 규율과 폭력과 통제의 시작점이다. 우리에게 여전히 남아 있는 학교와 사회, 가정에서의 '비'민주적인 면면을 경성의 풍경 속에서 발견하는 일은 놀라운 경험일 것이다.

경성은 삼십 년 만에 도시 풍경이 완전히 바뀌었다. 신작로 위에는 전차가 지나다니고, 르네상스풍의 서양 건물이 빼곡하게 들어섰다. 그렇게 갑작스레 변한 장소들은 지금까지 남아 있는 서울의 명소이기도 하다. 그러니 이번 여행은 근대라는 시간 속에 숨은, 우리의 공간을 되짚어 보는 과정이라고도 할 수 있겠다.

우리가 방문하는 때는 1934년쯤의 어느 봄날이다. '1934년쯤'이라고 한 것은, 우리의 여행이 역사적 사실에 바탕을 두면서도 연도를 못 박음으로써 생기는 성가신 일을 살짝 피하고 싶기 때문이다.

이제 구십여 년 전으로 돌아가 경성의 골목을 누비면서 여러 사람을 만나며 그들의 일상생활을 탐험해 보자. 우리의 당일치기 여행은 한 친일파 은행장의 저택에서 시작하고 끝날 예정이다. 그렇지만 본격적인 경성 여행 이전에 잠시 들러야 할 곳이 있다.

바로 경성의 랜드마크인 경성역이다.

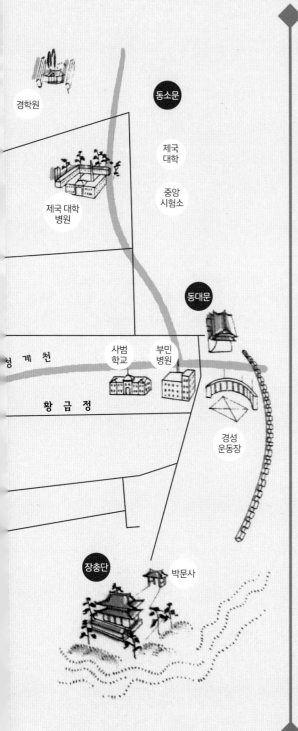

경학원

동소문

제국
대학

중앙
시험소

제국 대학
병원

동대문

사범
학교

부민
병원

청계천

황금정

경성
운동장

장충단

박문사

1

식민지 경성에
가다

때 | 새벽 무렵
장소 | 경성역 ⇨ 조선 총독부

오가는 이들의 옷차림을 보니
일제 강점기로 온 게 실감난다.
양복에 맥고모자를 쓴 신사,
양장을 차려 입은 부인,
아래위로 새하얀 한복을 입은 남녀,
일본 전통 옷인 기모노를 입고
게다짝을 끄는 여인이 한데 섞여 있다.

경성, 안개주의보!

우리는 경성역을 향해 걷고 있다. 이렇게 지독한 안개는 처음이다. 도시는 자욱한 새벽안개에 포위되어 있다. 해가 마치 달처럼 창백해 보인다. 경성역의 실루엣이 흐릿하다. 반구형 지붕이 있는 건물은 그동안 오가며 보던 옛 서울역 그대로지만 분위기는 사뭇 다르다.

우리는 안개에 휩싸인 경성역 앞 광장을 어느 시구처럼 '거대한 안개의 강을 헤엄치듯' 가로지르고 있다. 한동안 안개 속에서 허우적대다 보니, 미로에 갇혀 헤매는 기분이다.

'이 여행을 시작해도 좋을까?'

난데없는 두려움에 휩싸여 문득 걸음을 멈춘다. 한 치 앞을 내다볼 수 없을 만큼 짙은 안개가 우리가 방금 도착한 일제 강점기 조선의 상황을 넌지시 말해 주는 건 아닐까.

그럼에도 좋든 싫든 여행은 시작되었고, 정해진 여정을 끝마쳐야 한다. 참, 그리고 보니 경성역에서 만날 사람이 있다!

경성역 앞 광장에 서서, 실눈을 뜨고 남산이 있을 만한 위치를 더듬거린다. 조선의 한양 도성을 둘러싼 '붙임성 좋은 친구' 같던 남산도, 북악산도, 인왕산도, 낙산도 감쪽같이 사라져 버렸다. 김승옥의 《무진기행》에 나오는 한 대목처럼 산들이 안개에 의해 먼 곳으로 유배당한 것만 같다.

경성의 공기를 깊이 들이마셔 본다. 아스팔트 냄새에 흙냄새가 살짝 섞여 있다. 역 주변에서 으레 나기 마련인 지린내와 전날 밤 술 취한 이가 실례한 토사물 찌꺼기 냄새가 희미하게 묻어 있다.

킁킁.

"이건 가솔린 냄새인데?"

아, 경성역 앞 주유소에서 나는 냄새구나! 주유소 간판이 어룽거린다. 경성에 주유소가 있을 거라고는 미처 예상하지 못했는데……. 다행히 안개가 구무럭구무럭 물러나고 있다. 러시아 원정에 실패한 뒤 퇴각하는 나폴레옹 군대처럼.

1920년대 경성역 모습. 경성역 굴뚝에서 연기가 피어오르고 있다.

제국의 관문, 경성역

경성역 앞에 서너 명의 지게꾼들이 차가운 기운에 몸을 잔뜩 웅숭그리고 앉아 있다. 연신 졸린 눈을 비비며 손님을 기다린다. 이른 시각인데도 경성역은 출발하고 도착하는 사람들로 붐빈다. 벽에는 경성 시내 관광을 선전하는 경성유람버스의 대형 광고판이 걸려 있다.

건물 중앙홀 오른쪽의 삼등 대합실 안을 기웃거린다. 딱딱한 나무 의자에 앉아서 지루하게 기차 시간을 기다리는 사람들이 보인다. 커다란 보따리를 무릎에 얹은 무뚝뚝한 표정의 할머니, 흰색 두루마기에 맥고모자를 쓰고 한 손에 지팡이를 쥔 채 졸고 있는 할아버지, 빽빽 우는 젖먹이를 업은 여인네와 올망졸망한 아이들, 험상궂은 표정의 아저씨…….

삼등 대합실의 그렇고 그런 풍경만 보고, 경성역을 그저 지방과 수도를 잇는 일개 기차역쯤으로 생각해서는 곤란하다. 경성역은 단순히 사람과 물

1896년에 지은 스위스의 루체른역. 한동안 경성역이 일본의 도쿄역이나 네덜란드의 암스테르담 중앙역을 본떴다고들 했지만, 실제로는 루체른역과 가장 닮았다. 정문과 반구형 돔을 보면 쌍둥이처럼 유사하다는 걸 알 수 있다. 1971년에 발생한 화재로 루체른역의 원래 건물은 사라지고, 지금은 현대식 역사가 들어서 있다.

자가 지나다니는 철도역이 아니라, 근대 문명이 거쳐 가는 '제국의 관문'이니까.

경성역 건물만 해도 그렇다. 경성역은 1925년 9월 30일에 일제의 '남만주철도주식회사'에 의해 건설되었다. 대지 면적 7만여 평(약 23만 제곱미터)에 건축 면적 2천여 평(약 6천 6백 제곱미터), 지하 일층 지상 이층의 건물이다. 여기에다 역 건물의 처마 밑에는 자그마치 지름이 1.6미터나 되는 대형 벽시계를 달았다. 기차가 정확한 시각에 출발하고 도착한다는 사실을 뽐내기라도 하듯이!

경성역이 완공되어 세상에 처음 모습을 드러냈을 때, 그 웅장한 르네상스풍의 외관만으로도 경성 사람들을 주눅 들게 만들었다. 경성역은 근대의 기념비적 건축물이 되어 순식간에 경성의 '랜드마크'로 떠올랐다. 경성 사람들은 새로 지은 경성역을 구경하러 삼삼오오 모여들었다.

이제 경성역 안으로 들어가 본다. 일층에는 고급스러운 분위기의 부인 대합실과 붉은 커튼이 드리워진 귀빈 대합실이 따로 있다. 대합실 옆 '티룸'은 모던 보이와 모던 걸이 자주 찾던 공간이다. 대합실과 매점을 대강 훑어보고서 이층으로 성큼성큼 올라간다.

이층에는 이발소와 양식당이 있다. 널찍한 양식당이 눈길을 사로잡는다. 이 양식당은 정·재계 유명 인사들의 사교장으로 명성이 자자하다나? 텅 빈 식당 안을 흘깃 보기만 해도 그 화려함을 너끈히 짐작할 수 있다.

어마어마하게 큰 나무 원탁에 은쟁반과 은국자, 은접시 같은 은제 식기류와 우아한 은촛대가 놓여 있다. 용과 새를 새긴 거대한 나무 조각이 식탁 한쪽을 장식하고 있다. 식탁 의자에는 팔걸이가 달려 있고, 등받이와 앉는 자리에는 붉은색 벨벳을 덧씌웠다.

이 경성역 양식당은 정확하게 말하면 서양식 그릴 식당이다. 그릴은 원래 고기를 굽는 석쇠를 말하는데, 즉석에서 구운 고기를 제공하는 최고급 호텔 식당을 가리키기도 한다. 한때 크리스마스 특별 메뉴로 러시아에서 온 요리사가 칠면조 구이를 내놓았다고 하니, 우울한 식민지 조선과는 딴판인 별천지다.

'일제 강점기에 이런 사치스러운 양식당에서 크리스마스 만찬을 즐긴 이들은 과연 누구일까?'

마음이 착잡하다.

계단을 천천히 내려와 중앙홀에 선다. 열두 개의 돌기둥과 돔으로 구성된 중앙홀은 널찍하다. 분주히 오가는 사람들을 넋 놓고 지켜보다가 천장을 가만히 올려다본다. 중앙홀의 천장은 스테인드글라스로 화려하게 장식되어 있다. 때마침 아침 햇살을 받은 스테인드글라스가 형형색색으로 반짝거린다.

모던 보이, 경성역에 내리다

이때다! 뿌우~, 하는 기적 소리가 길게 울린다. 플랫폼으로 향하는 육교 계단을 우당탕탕 뛰어 내려가 본다. 육교 양쪽을 지키던 순사들이 그 모습을 보고 눈을 부라린다.

플랫폼 위쪽에 이곳이 경부선(경성과 부산을 잇는 노선)과 경의선(경성과 신의주를 잇는 노선)의 종착역인 경성역이라는 사실을 알리는 표지판이 걸

려 있다. '경성'은 일제 강점기에 서울을 부르는 말이고, '게이죠'는 경성의
일본어식 발음이다.

경 城 京
うよじ いけ
성 KEIJO

연기를 내뿜는 경부선 급행열차.
1921년 경의 모습이다.

이윽고 한결 옅어진 안개를 뚫고 육중한 증기 기관차가 모습을 드러낸다. 파시형 증기 기관차다. '파시'는 영어로 태평양을 뜻하는 퍼시픽(Pacific)의 앞 두 글자를 따서 지은 이름이다. 이 증기 기관차는 네 개의 앞바퀴와 여섯 개의 회전 바퀴, 그리고 두 개의 뒷바퀴를 갖추고 있다. 거대한 바퀴들이 철로 위를 구르는 모습이 위압적이다.

증기 기관차가 귀를 찢는 듯한 굉음을 길게 내지르며 희뿌연 연기를 내뿜다가 철커덩, 하고 철로 위에 멈춰 선다. 증기 기관차의 육중한 무게에 대지가 파르르 떨리는 듯하다.

우리말과 일본어로 번갈아 안내 방송이 흘러나온다. 둔중한 기차의 문이 철컥 열리고 사람들이 앞다투어 플랫폼으로 내려선다.

"어, 저기!"

플랫폼으로 한꺼번에 쏟아져 내리는 승객들 사이에서 옷맵시가 유독 눈에 띄는 이가 있다. 도쿄에서 공부하다가 이제 막 경성으로 돌아온 유학생이다.

도쿄에서 출발한 뒤 배와 기차를 번갈아 갈아타는 긴 여정으로 몹시 지쳐 보이는데도 옷차림만큼은 말쑥하다. 서구 취향이 옷 전체에서 풍기는 '모던 보이'다.

모던 보이는 꽤 묵직해 뵈는 여행용 가죽 가방을 한 손에 들고 있다. 누런 쇠가죽으로 된 직사각형 모양인데, 위쪽에 불룩한 가죽 손잡이가 달려 있다. 가방의 네 모서리에는 쉽게 해어지지 않도록 가죽을 덧댄 뒤 금속 장식을 박아 두었다. 바깥쪽의 금속 잠금장치가 튼튼한 느낌을 준다. 제법 값나가는 물건인 듯하다. 우리가 해외여행을 갈 때 즐겨 끌고 다니는 캐리어

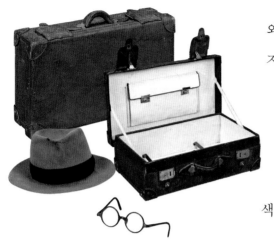

일제 강점기에 유행하던 여행용 가방, 중절모와 안경테.
안경은 소설가 박태원이 사용하던 것이다.

와 달리, 아래쪽에 바퀴가 달려 있지 않아서 불편해 보이기도 한다.

봄 날씨는 변덕스럽다. 낮에는 덥다가도 밤이 되면 쌀쌀하다. 그는 야간 기차 여행에 대비해 무릎까지 내려오는 감색 프록코트를 걸치고 있다. 움직일 때마다 코트 안에 입은 양복이 언뜻언뜻 보인다. 단추가 두 줄로 달리고, 좌우의 앞길을 겹쳐서 입는 더블브레스트 양복이다.

코트 안에는 잘 다린 와이셔츠를 입고 넥타이를 깔끔하게 맸다. 머리에는 페도라라고 부르는 중절모를 비스듬히 걸쳐 쓰고 있다. 모자를 삐딱하게 쓴 모습에서 맵시가 철철 흐른다. 고급 펠트 천으로 만든 중절모에는 짧은 챙이 달려 있는데, 챙 둘레에는 가죽으로 띠를 둘러 자못 멋을 내었다. 구두코가 반짝반짝 윤이 난다.

최신 유행하는 둥근 로이드 안경테에 번쩍거리는 금시곗줄까지! 다만 말쑥한 옷차림에 어울리지 않게 표정이 어둡다.

우리는 경성역에 막 도착한 모던 보이를 따라 경성에서의 첫 여정을 시작해 볼 참이다.

부산 가는 기차가 '상행'이라고?

처음 들른 곳은 경성역의 기차 시간표 앞. 우리 시대 서울역에서는 기차의 출발 시각을 알려 주는 대형 전광판이 번쩍거리지만, 경성역에는 행선지별로 정리한 기차 시간표가 벽면에 다닥다닥 붙어 있다.

하도 빽빽하게 적혀 있어서 언제 어디로 가는 기차 노선인지 파악하기가 힘들다. 게다가 역 이름이 모두 한자로 씌어 있어서 '구글 지도'에 익숙한 우리에게는 암호가 배열된 난수표와 다름없게 느껴진다.

'모던 보이는 왜 여기로 온 거지?'

이때 누군가 그림자처럼 슬그머니 모던 보이에게 다가간다. 챙이 없는 둥글납작한 모자를 눌러쓰고 콧수염을 기른 사내다. 차림새는 모던 보이와 비슷하지만, 조금은 남루한 느낌이다. 사내는 잠깐 주위를 경계하듯 살피더니, 모던 보이와 수인사를 나눈다.

'아, 여기서 누군가 만나기로 했구나.'

모던 보이의 긴 여정을 위로하는 듯한 사내의 인사말을 듣다 보니, 대체 모던 보이가 도쿄에서 경성까지 어떤 경로로 왔는지 궁금한 마음이 든다. 다시 기차 시간표로 눈을 돌려 살펴본다. 눈을 부릅뜨고 보니 경부선은 물론이고, 경부선 기차와 연결되는 '관부 연락선(일본 시모노세키와 부산 사이를 왕복하는 여객선)'까지 출발 시각이 자세하게 표시되어 있다.

모던 보이의 손가락을 따라 경부선 시간표를 꼼꼼히 뜯어보다가 문득 고개를 갸우뚱거린다. 경성에서 부산으로 내려가는 기차에 '상행(上行)', 부산에서 경성으로 올라오는 기차에 '하행(下行)'이라고 표시되어 있는 게 아닌가. 보통 지방에서 서울로 올라가는 걸 상행, 서울에서 지방으로 내려가

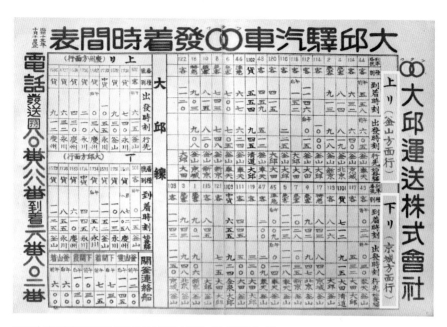

1940년 대구역에 붙어 있던 기차 발착 시간표. 시간표 제일 오른쪽에 상행(부산 방면행), 하행(경성 방면행)이라고 적혀 있다. 경성역에 붙어 있던 시간표는 이보다 훨씬 복잡했다.

는 걸 하행이라고 부르지 않던가?

때마침 모던 보이가 한숨을 쉬며 콧수염 사내에게 말을 건넨다.

"이제는 일본 본토가 아닌 조선이나 만주에서도 모든 게 도쿄 중심으로 돌아가는군. 하다못해 상행과 하행 표시조차 말일세."

아, 맞다! 여기는 서울이 아니라 일제 강점기 경성이지! 일본 제국에서 자기네 수도인 도쿄를 기준으로 삼은 게 분명하다. 그래서 도쿄 쪽인 부산 방향을 상행으로 잡은 것이다. 잊고 있었던 사실을 깨닫는 순간, 수치스러움으로 얼굴이 화끈 달아오른다. 비로소 일제 강점기로 여행을 왔다는 사실을 뼈저리게 느낀다.

모던 보이는 도쿄에서 고베를 거쳐 시모노세키까지 기차로 이동한 다음,

조선에서 만주까지

부산-선양 간	부산-신징 간	부산-경성 간
	직통	
급행	급행	특급
노조미 (소망)	히카리 (빛)	히카츠키 (새벽)

만 주 국

하얼빈

신징 (장춘)

지린

쓰핑

선양 (봉천)

투먼(도문)

블라디보스토크

나진

혜산진

청진

길주

단둥 (안동)

3

신의주

함흥

원산

평양

진남포

외금강

개성

2 경성

인천

수원

대구

경주

대전

목포

여수

부산 **1**

시모노세키

히로시마

후쿠오카

오사카

도쿄

◆ 일제 강점기에 만들어진 철도 노선도. 부산에서 대전, 경성, 평
양과 신의주를 거쳐 만주국의 선양과 신징, 러시아로 연결되는
하얼빈까지 한 번에 이어진다. 굵은 선은 국유 철도를, 가는 선
은 사유 철도를 가리킨다.

1. 일본에서 출발한 관부 연락선이 부산항에 정박해 있다.
2. 한강 남쪽에서 바라본 한강 철교. 부산에서 대전을 거쳐 경성역으로 가는 기차라면 무조건 지나야 한다.
3. 신의주와 단둥을 잇는 압록강 철교. 일정 시각이 되면 배가 지나갈 수 있도록 다리를 돌리게끔 설계되어 있다.

시모노세키 항구에서 관부 연락선을 타고 현해탄을 건너 부산으로 향했다. 그리고 부산에서 다시 경부선 기차로 갈아탄 뒤 김천, 대전, 평택을 거쳐 경성에 도착했단다.

"그래, 한밭벌(지금의 대전)은 어떻던가?"

콧수염 사내가 묻자 모던 보이가 고개를 절레절레 흔들며 대답한다.

"그새 정말 몰라보게 변했더군. 길거리만 잠깐 훑어봐도 일본인들이 얼마나 많아졌는지 느껴질 정도였다네."

원래 경부선은 조선의 전통 도시인 공주와 강경을 지나게 되어 있었다. 조선 시대만 해도 공주는 충청도를 아우르는 관아인 감영이 있던 중심지였고, 강경은 평양·대구와 함께 조선 후기 3대 시장이 설 만큼 교통의 요지였다. 예전의 공주와 강경은 정치·경제적으로, 또 지리적·교통적 위치로도 중요한 전통 도시였다.

일제는 조선의 전통 도시를 깡그리 무시한 채 대전에 기차역을 세우고 교통의 중심지로 자리매김하게 했다. 그 뒤 대전역 주변으로 일본인들이 몰려와 잡화상과 여관, 술집을 열고서 장사를 하기 시작했다.

이렇게 기차역 하나로 도시의 운명은 엇갈리고 말았다. 허허벌판이었던 대전은 경부선이 지나가는 철도 교통의 중심지가 되어 대도시로 성장해 나가고, 주요 도시로 손꼽혔던 공주와 강경은 철도 노선에서 제외되면서 쇠퇴의 길로 접어들었다.

이대로 상하이에 갔으면!

"아아, 이대로 상하이까지 쭉 가고 싶군."

기차 시간표를 바라보고 있던 모던 보이가 나직하게 중얼거린다. 그의 눈길을 따라가 보니, 중국의 '상하이'다.

'기차를 타고 상하이에 간다고? 인천 공항에서 비행기로 가야 하는 거 아닌가? 아 참, 이때는 기차로도 갈 수 있었구나!'

상하이뿐만이 아니다. 경성에서 경의선 철도를 타고 신의주까지 가서 압록강 철교를 건너 만주로, 중국 대륙으로 거침없이 달릴 수 있다. 일제 강점기에 경성역은 세계로 뻗어 나가는 창구이다. 말하자면 '국제 철도역'인 셈이다. 아까 본 경성역 표지판에 한자, 일본어, 영어가 함께 표기되어 있었던 것도 그 때문이다.

남한과 북한이 휴전선으로 분단된 지금, 우리는 기차를 타고 대륙으로 갈 수가 없다. 대륙과 연결된 '반도'가 아니라, 정치적으로 소외된 '섬'에 살고 있는 셈이다. 머지않아 부산에서 출발해 북한을 거쳐 시베리아와 유럽까지 가는 대륙 횡단 열차를 타는 꿈이 실현될지도 모르겠다.

"압록강 철교가 물건이로군. 1911년에 압록강 철교가 세워지면서 기차를 타고 대륙으로 나갈 수 있게 되었으니 말일세."

콧수염을 기른 사내의 말에 모던 보이가 약간은 분통이 터진다는 듯 말을 잇는다.

"압록강 철교와 함께 중국의 안동(지금의 단둥)과 봉천(지금의 선양)을 잇는 안봉선 철도까지 건설되었으니……. 일제가 그토록 염원하던 '일본 철도—관부 연락선—조선의 경부선과 경의선—압록강 철교—만주의 안봉

철도'로 일본과 조선, 중국 대륙이 하나로 연결되었지."

'그렇구나!'

경성에서 만주로 향하는 기차 시간표를 직접 보자, 그 어마어마한 규모와 길이에 놀라 입이 다물어지지 않는다. 물론 일제가 경부선을 포함해 다리와 철도를 건설한 목적은 조선을 위한 게 절대로 아니었다.

만주(중국의 요녕성과 길림성, 흑룡강성 지역)에서 러시아와 전쟁을 벌이고 있던 일본군에게 필요한 인원과 물자를 보급할 수 있는 '병참용' 철도가 필요했던 것뿐이다. 말하자면 경부선과 경의선은 일제의 만주 진출을 위한 발판이었던 것이다.

일제가 대륙 진출의 야욕을 노골적으로 드러내면서, 조선 총독부는 오로지 조선의 철도를 어떻게 만주와 효율적으로 연결할지에만 신경을 곤두세웠다고 한다. 섬나라인 일제가 조선을 '대륙으로 진출하기 위한 교두보'로 삼았다는 사실이 피부로 와 닿는다.

기차 시간표에 나오는 신징, 선양, 다롄, 하얼빈……, 이 도시들도 대전처럼 철도가 건설되자 사람과 물자가 모이면서 금방 근대 도시로 발전한 곳이다.

"왜 하필 상하이에 가고 싶은 거지?"

마침 콧수염 기른 사내가 불쑥 질문을 던진다. 모던 보이가 가만가만 설명한다.

"재작년, 그러니까 1932년에 일제가 신징(지금의 장춘)을 수도로 삼아 만주국을 세우고선 자신들의 꼭두각시로 삼지 않았나? 만주는 관동군 때문에 분위기가 살벌하다더군. 웬만하면 발 디디고 싶지 않은 곳이라네. 그래도 상하이는 한때 임시 정부가 있던 곳이고, 조계지도 남아 있어서 다른 곳보다는 한결 자유롭게 숨을 쉴 수가 있지."

조계지란, 1842년 난징 조약으로 개항한 상하이의 외국인 거주지를 가리킨다. 조계지 내에서는 영국과 프랑스, 미국이 행정권과 경찰권을 행사한다.

어쩌면 모던 보이의 기분을 이해할 수 있을 것도 같다. 일본 순사가 시시때때로 감시의 눈길을 희번덕거리는 경성이나, 잔인하기로 악명 높은 일제의 관동군이 제멋대로 설쳐 대는 만주를 피해 잠시나마 나라 잃은 설움을 잊고 자유를 만끽하고 싶은 기분을…….

다양한 패션의 경성 사람들

모던 보이를 따라 경성역 밖으로 나오자, 남루한 옷을 입은 지게꾼들이 여행객들에게 우르르 달려든다. 모던 보이의 여행 가방을 서로 지겠다고 난리법석을 떤다. 모던 보이는 그들을 피해 성큼성큼 앞으로 걸어 나간다. 아침이 밝았는데도 경성역 앞 광장에는 가로등이 환하게 켜져 있다.

광장은 소리로 가득하다. 온갖 탈것들의 소리, 곧 '문명의 소리'다. 소리의 양과 종류에 차이가 있을 뿐, 우리 시대와 엇비슷하다. 땡땡 전차가 지나가는 소리, 부릉부릉 자동차 엔진 소리, 빵빵 자동차 경적 소리, 탁탁탁 뛰어가는 인력거꾼 발소리, 덜컹덜컹 우마차 수레바퀴 소리, 찌르릉찌르릉 자전거 벨소리…….

거기에 길 가는 사람들의 발소리가 더해진다. 또각또각 날카로운 하이힐

1939년 일본여행협회에서 펴낸 조선 안내 책자 속 숭례문 풍광. 숭례문 주변으로 우편국과 조선은행 등 당시 경성에 지어진 최신식 건물들이 즐비하다.

소리, 저벅저벅 경쾌한 구두 소리, 딸깍딸깍 나막신 소리, 사뿐사뿐 고무신 소리, 딱딱 딱딱 지팡이 소리까지.

모던 보이가 정거장에 대기하고 있던 인력거를 손짓으로 부른다. 텁석부리 인력거꾼과 젊은 인력거꾼이 재빨리 달려온다. 모던 보이가 인력거꾼에게 주소를 일러 주고 미리 삯을 건넨다. 그러곤 콧수염 기른 사내와 함께 인력거를 타고 훌쩍 사라진다.

아침저녁으로는 여전히 쌀쌀한 날씨라서 인력거에는 가죽 덮개가 씌워져 있다. 인력 거꾼이 두 손으로 손잡이를 단단히 잡고 달리기 시작한다. 덜커덩덜커덩, 아 스팔트 위를 커다란 바퀴 두 개가 굴러간다. 연신 바지 뒷주머니에 끼워 놓은 수건으로 땀을 닦는 인 력거꾼이 안쓰럽다.

경성역을 떠난 인력거가 막 남대문통으로 접어든다. 멀리 양쪽 성벽이 사라지고

일제 시대에 사용한 인력거. 인력거 위쪽의 차양은 접었다 폈다 할 수 있다.

홀로 덩그러니 서 있는 숭례문이 보인다. 성벽이 헐렸으니 숭례문을 지키는 수문장이나 병사가 있을 리 없다. 사람들이 마음대로 숭례문을 드나든다. 숭례문 옆으로 전찻길이 나 있고, 여러 대의 전차가 선로 위를 느릿느릿 지나다니고 있다.

남대문통 양쪽으로 상점들이 늘어서 있다. 아직 이른 시각이라 문은 닫혀 있다. 상점에는 대문짝만한 간판이 걸려 있다. ○○ 회사 지점, △△ 출장소, □□ 양행 본점, 철공장, 우편국, 약방, 여관, 병원, 잡화상, 전당포, 철물점……

앗, 무언가 이상한 느낌이 든다. 왜 아까부터 거꾸로 달리는 듯한 기분이 들지? 어라, 인력거가 좌측통행을 하고 있다! 영국이나 일본 여행에서 택시나 버스를 타면 운전대가 오른쪽 좌석에 있는 모습을 보고 신기해 하던 일이 떠오른다.

양반들은 가마, 초헌, 교자, 말을 타고, 백성들은 뚜벅뚜벅 걸어다녔던 조선 시대에 통행 규칙이 따로 있을 리 없었다. 그저 양반이 행차한다는 신호인 '물렀거라!' 소리가 나면 얼른 골목으로 피하거나 허리를 굽히면 그만이었다.

좌측통행은 일제 강점기인 1921년부터 전면 실시되었다. 1872년부터 좌측통행을 하고 있던 일본의 통행 규칙을 우리나라에도 똑같이 적용한 것이다. 좌측통행은 2010년 7월 1일이 되어서야, 보행자의 통행까지 공식

태평통의 모습. 대로변 양쪽으로 상점이 쭉 늘어서 있다. 정면에 어렴풋이 경성부 청사(서울시 옛 청사) 건물이 보인다. 전차와 수레, 자동차와 인력거로 뒤섞인 도로가 흥미롭다. 신호등 없이도 질서가 지켜진다는 점이 신기하다.

적으로 우측통행으로 바뀌게 된다.

이런 생각을 하는 사이, 인력거가 드넓은 '태평통'을 신나게 달린다. 지금은 세종대로의 일부로 바뀌었지만 오랫동안 태평로1가, 태평로2가로 불리던 도로이다. 태평통은 자동차 운전자들한테 매혹적이다. 도로 너비가 워낙 넓어서 쌩쌩 시원하게 달릴 수 있기 때문이다. 그래서 그런지 택시 운전사들은 남대문통을 거쳐 태평로를 거침없이 달리다가 광화문통으로 접어드는 경로를 좋아한단다.

인력거 옆으로 인도를 걸어가는 사람들이 간간이 보인다. 오가는 이들의 옷차림을 보니, 일제 강점기로 온 게 또다시 실감난다. 양복에 맥고모자를 쓴 신사, 양장을 차려입은 부인, 치마 길이가 깡뚱한 개량 한복 차림의 아가씨, 아래위로 새하얀 한복을 입은 남녀, 일본 전통 옷인 기모노를 입고 게다짝을 끄는 여인이 한데 섞여 있다.

한복에 갓을 쓰고 까만 구두를 신은 청년과 현대식 교복 모자를 쓰고 한복을 입은 소년의 모습.

그 가운데 아주 독특한 옷차림을 한 사람들이 더러 눈에 띈다. 한복 바지 저고리에 두루마기를 걸치고 맥고모자를 쓴 사람, 양복 윗도리에 한복 바지를 입고 고무신을 신은 사람, 한복에 갓까지 챙겨 쓰고서 구두를 신은 사람, 한복을 차려입고 그 위에 서양식 코트를 걸친 사람, 두루마기 차림에 게다를 신은 사람, 심지어 기모노에 코트를 걸친 사람도 있다. 한복과 양복

33

에 기모노까지, 마구 뒤
섞여 있는 셈이다. 이런
걸 '퓨전 스타일'이라고
해야 하나?

서양과 일제의 문물이
밀려오던 시기여서, 정
작 우리의 전통 의상인
한복은 천덕꾸러기 취급
을 받는 듯한 인상이다.

우리나라에서 양복은 개화
기 때부터 입기 시작했는데, 1895년
을미개혁 때 단발령과 함께 공식적으

일제 강점기인 1919년, 조선의 관료들이 양복에
실크해트를 갖춰 입은 모습.

로 허용되었다. 1895년에 군복이, 1899년에 외교관 복식이, 1900년에는 관
리의 복장이 양복으로 바뀌었다. 고종 황제도 서양식 황제복을 입었다.

이렇게 황제와 고관대작들이 양복을 입고 일반 백성들은 한복을 입으면
서 양복에 특별한 권위가 부여된 것이다. 몇몇을 제외하곤 여성들은 남성
들보다 훨씬 더 늦게 양장을 입기 시작했다. 그래서인지 흰 저고리에 무릎
아래까지 내려오는 검정 통치마로 개량된 한복이 한때 신여성의 상징처럼
여겨지기도 했다.

일제는 우리 민족의 상징인 백의(흰옷)를 의도적으로 탄압했다. 흰옷은
쉽게 더러워져 자주 빨아야 하니 경제적이지 못하다고 하면서 색깔 옷을
입으라고 적극 장려했다. 종로나 서대문 앞을 지나가는 사람들이 흰옷을

입었는지 색깔 옷을 입었는지 조사해서 통계를 내기까지 했다. 하지만 일제가 색깔 옷을 장려할수록 조선 사람들은 저항의 뜻으로 흰옷을 고집하며 입었다고 한다.

앗, 광화문이 사라졌다!

경성역에서 일제의 심장부인 조선 총독부로 가는 길, 인력거가 덕수궁의 대한문과 경성부 청사를 차례로 지나간다. 힘에 부치는지 인력거꾼이 숨을 푸푸 몰아쉰다. 동아일보사를 지나 광화문통으로 접어든다.

이윽고 인력거가 휑뎅그렁할 정도로 널따란 광화문통으로 들어서자, 우뚝 솟은 모란꽃 봉오리 같은 북악산을 배경으로 조선 총독부 건물이 한눈에 드러난다.

최고의 건축가인 박길룡이 설계에 참여했으며, 완공하기까지 십 년이란 어마어마한 세월이 걸렸다. 일본인과 중국인 석공 3백 명과 조선인 노동자 연인원 2백만 명이 동원된 대공사였다고 하니, 건축 당시 공사의 규모가 어느 정도였는지 짐작할 만하다. 이때로서는 동양 최대의 근대식 건물이었단다.

그런데 뭔가 허전하다. 광화문이, 경복궁의 정문인 광화문이 보이지 않는다!

일제는 남산 기슭에 있던 조선 총독부 청사의 확장 이전을 계획하면서 조선 왕조의 정궁인 경복궁 자리를 노렸다. 1915년에 경복궁을 조선물산공진회(각종 물건을 한곳에 모아 놓고 전시하는 모임) 장소로 사용하면서 내부에 있던 건물들을 모조리 헐어 버렸다. 조선 총독부가 들어설 빈터를 확보하기 위한 속셈이 분명했다. 조선의 궁궐 자리에 조선 총독부를 세워서 나라 안팎에 위세를 떨치려 한 것이다.

그 서슬에 광화문은 경복궁의 동쪽, 그러니까 지금의 국립 민속 박물관 입구로 자리를 옮겼다. 어처구니없게도 광화문이 경회루로 통하는 출입문으로 쓰이게 된 것이다.

머리로 알고 있는 것과 실제로 보는 건 다르다. 서울의 상징이라고 해도 과언이 아닌 광화문이 일제의 만행으로 옮겨진 걸 두 눈으로 목격하자, 당황스러움을 넘어 모욕감이 치밀어 오르면서 한탄이 절로 새어 나온다.

인력거가 옛 왕조의 번화한 관청가였던 육조 거리로 들어선다. 육조 거리 양쪽에 있던 한옥 관청 건물들이 아직까지 드문드문 남아 있다. 더러 새로 지은 근대식 건물이 섞여 있기도 하다.

조선 총독부의 맞은편, 옛날 의정부가 있던 자리에는 붉은 벽돌로 지은 경기도청 건물이 턱하니 자리 잡고 있다. 공조 자리에는 체신국이, 이조 자리에는 경성법학전문학교가, 호조 자리에는 순사 교습소가 들어서 있다.

식민지의 아침 햇살이 무심하게 빛난다.

조선
총독
부

◆ 1930년, 광화문이 사라진 옛 육조 거리. 조선 총독
부 바로 뒤가 경복궁의 근정전이다. 동쪽으로 옮겨
진 광화문을 어렵사리 찾아볼 수 있다. 오른쪽 사진
은 옮겨진 광화문의 모습. 문 앞을 지키던 해태상도
보이지 않는다.

근·현대
돋보기

조선의 마지막 몸부림
대한 제국과 고종

> 의정부 의정 심순택이 백관을 거느리고 아뢰기를, "고유제를 지냈으니 황제의
> 자리에 오르소서." 하였다. 신하들의 부축을 받으며 단에 올라 금으로 장식한 의
> 자에 앉았다. 심순택이 나아가…… [중략] ……옥새를 올리니 상이 두세 번 사양
> 하다가 마지못해 황제의 자리에 올랐다.
>
> ―《고종실록 36권》, 고종 34년 10월 12일(양력)

　1896년, 일본의 위협에서 벗어나고자 조선의 왕이 러시아 공사관으로 피신
하는 충격적인 사건인 아관파천이 일어났다. 일 년 뒤, 고종은 덕수궁(당시 경운
궁)으로 돌아와 새로운 나라가 성립되었음을 선포하고 황제의 자리에 오른다.
이른바 '대한 제국'이 탄생한 것이다.

　고종의 의도는 일본과 러시아 등 외국 세력에 대항하여 조선이 자주 독립국
이라는 사실을 나라 안팎에 알리고 황제권을 강화하기 위한 선택이었다. 고종
은 곧바로 광무 개혁을 추진하여 근대적인 공장을 세우고, 선진 기술을 배우기
위해 유학생을 파견했다. 또 전화와 우편을 가설하고 전차와 기차를 개통하는
등 근대 국가로 나아가기 위한 노력을 기울여 어느 정도 성과를 내기도 했다.

　하지만 고종은 자신의 영향력을 키우는 데 몰두한 나머지 각계각층의 다양한
개혁 요구를 받아들이지 못했고, 여러 열강의 간섭 때문에 개혁을 추진하는 데

◆ 대한 제국의 고종 황제와 대신들을 그린 그림. 가운데 자리한 고종의 양옆으로 아들 순종과 영친왕이 앉아 있다. 그림 가장 오른쪽에 있는 인물이 을사늑약을 앞장서 추진한 친일파 이완용이다.

많은 어려움을 겪게 된다.

1904년, 한반도의 주도권을 두고 러시아와 일본 사이에 일어난 러일 전쟁에서 승리를 거둔 일본은 이듬해 군대를 동원하여 을사늑약을 체결하고, 대한 제국의 외교와 내정에 간섭할 수 있는 발판을 마련한다.

강압적인 을사늑약에 반발하여 고종뿐 아니라, 대신과 유생, 백성들까지 전국적으로 항쟁을 벌였다. 그럼에도 1907년에 고종이 강제로 퇴위당하고, 결국 1910년에 국권을 완전히 빼앗기면서 우리나라는 일본의 식민지가 되고 만다.

◆ 고종 황제의 승하를 알리는 〈매일신보〉의 호외(1919). 이완용이 일본의 사주를 받아 고종을 독살했다는 소문이 퍼지면서 반일 감정이 극에 달한다. 이후 고종의 장례식은 3·1 운동의 기폭제가 된다.

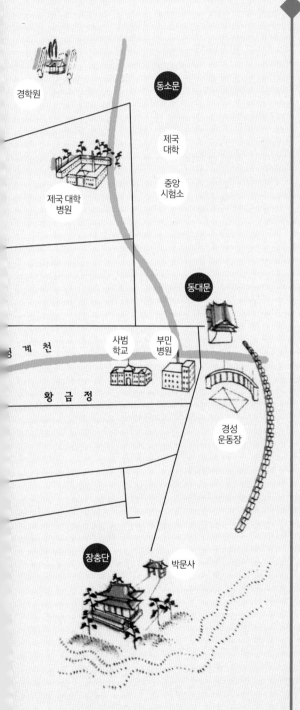

경학원

동소문

제국
대학

중앙
시험소

제국 대학
병원

동대문

사범
학교

부민
병원

청계천

황금정

경성
운동장

장충단

박문사

2

북촌 한옥 단지의
대저택

때 | 아침
장소 | 북촌의 계동 저택

언뜻 봐도 이 한옥들은 솟을대문에
행랑채가 딸려 있고 사랑채와 안채가
분리된 조선 사대부들의 집과 다르다.
가만히 들여다보니,
요즘에 즐겨 볼 수 있는 개량 한옥이다.
1930년대에 '집장사'들이 지었다고
알려진 도시형 한옥이다.

다닥다닥 붙은 판박이 한옥 단지

우리가 탄 인력거가 경복궁과 창덕궁 사이, 조선의 지배층인 사대부들이 모여 살던 동네 언저리를 지나간다.

'조선 왕조가 사라진 뒤, 그 많던 사대부들의 집은 어떻게 되었을까?'

우리 시대 서울에는 남산 한옥 마을에 조선 사대부의 집이 고작 몇 채 남아 있을 뿐이다.

쨍쨍한 아침 햇살을 받아 한옥 기와가 반짝인다. 구불구불한 골목에 작은 처마를 잇댄 고만고만한 한옥들이 끝없이 펼쳐져 있다.

'아니야.'

언뜻 봐도 이 한옥들은 솟을대문에 행랑채가 딸려 있고 사랑채와 안채가 분리된 조선 사대부들의 집과 다르다. 가만히 들여다보니, 요즘에 즐겨 볼 수 있는 개량 한옥이다. 북촌 한옥 마을에 있는 집들과 비슷하다. 1930년대에 '집장사'들이 지었다고 알려진 도시형 한옥이다.

비교적 작은 규모의 ㄱ자, ㄷ자 모양 한옥들로, 판을 대고 찍은 것처럼 비슷비슷하다. 붉은 벽돌이나 하얀 화강암으로 겉을 마감한 뒤, 기와 밑에

함석으로 된 물받이통을 매달았다. 소박한 나무 대문을 열고 들어가면 대청마루에는 유리문이 달려 있고 마당에는 수도가 설치되어 있다. 입식 부엌에는 타일을 깔았고, 화장실은 집 안으로 들어와 있다.

어쩌다가 경성 한복판에 이런 개량 한옥들이 다닥다닥 붙어 있는 골목이 생겨난 걸까? 조선의 전통적인 사대부 동네가 우리 시대 북촌 한옥 마을로 바뀐 데에는 나름대로 복잡한 사정이 숨어 있다.

일제 강점 초기만 해도 조선인들은 '북촌', 일본인들은 '남촌'에 모여 살았다. 이때 북촌과 남촌을 가르는 기준은 청계천이었다. 그러다 1926년에 남산 아래 있던 조선 총독부를 경복궁 자리로 옮기면서 일본인들이 본격

1930년대에 지은 북촌 가회동의 도시형 한옥들. 한국 전쟁 직후인 1954년에 찍은 사진으로, 한옥 지구를 뚜렷하게 알아볼 수 있다.

적으로 북촌에 진입했다. 경성의 인구가 폭발적으로 늘어나 살 집이 부족해지자 일본인들이 북촌을 넘보게 된 것이었다.

이때 혜성처럼 등장한 인물이 '건축왕' 정세권이다. 사업 수완이 뛰어났던 정세권은 형편이 어려워진 조선 사대부들이 내놓은 저택을 잘게 쪼개어 대단지 한옥 지구로 만들었다. 한 집에 여러 가구가 사는, 비슷비슷한 모양의 집들이 쭉 이어진 우리 시대의 다세대 주택 단지와 닮았다.

일제 강점기에 조선 사대부가 몰락하면서 그들의 집도 주인의 운명을 따르게 되었다. 그렇다 해도 우아하고 품위 있는 전통 한옥을 죄다 허물고, 그 자리에 개성 없이 똑같은 개량 한옥 단지를 만든 게 잘한 일은 아니라고 타박하는 이가 있을 수도 있겠다.

그렇지만 만약 정세권이 개량 한옥을 대량으로 짓지 않았다면 어떻게 되었을까? 북촌을 일본인들한테 빼앗겼을지도 모른다. 북촌에 일본식 가옥이 빼곡하게 들어선 모습을 상상해 보라. 어쨌든 개량 한옥이 들어서면서 일본인들이 북촌에 발을 붙이지 못하게 되었다.

어느덧 우리 눈앞에 높은 계단 위로 계동 저택이 우뚝 솟아 있다. 경성 시내가 한눈에 내려다보이는 곳이다. 우리는 웅장한 솟을대문을 향해 한 발 한 발 조심스럽게 내딛어 본다.

친일파 두취의 사랑채

모던 보이가 사는 대저택은 근대식으로 지은 한옥이다. 거기에서 가장 인상적인 건물은 어느 쪽에서 봐도 위풍당당한 사랑채이다. 사랑채는 사방이 유리 미닫이문으로 되어 있으며, 겹처마를 댄 지붕은 꽤나 육중한 느낌을 준다. 사랑채는 집안 남성들이 머무는 동시에 손님을 맞이하는 곳이다. 사랑채의 주인은 정·재계의 귀한 손님들을 초대해서 호화로운 '가든파티'를 열곤 한다.

　사랑채의 유리문을 열면 서양식 응접실을 갖춘 사랑마루가 나온다. 유리문에 '일본식 창살'을 달고, 바닥에는 조선식 우물마루 대신 일본식 장마루를 까는 등 집치레에 신경을 썼다.

　유리문 너머 일본풍으로 가꾼 봄날의 정원이 보인다. 정교하게 가지치기를 한 향나무가 서 있는 넓은 마당에는 잔디가 깔려 있다.

　사랑마루에는 축음기와 청나라식 최고급 소파가 놓여 있다. 벽에 걸린 괘종시계의 추가 규칙적으로 흔들린다. 삼단 장식장 위에 놓인 축음기에서

일제 강점기에 지어진 북촌 한옥의 웅장한 솟을대문.
한참을 올려다봐야 할 정도이다.

가요 〈강남 달〉이 나직하게 흘러나와 사랑채를 부드럽게 적신다.

〈강남 달〉은 1927년에 대성공을 한 신파 멜로 영화 〈낙화유수〉의 주제가이다. 젊은 화가와 아리따운 기생의 사랑 이야기를 다룬 무성 영화로, 영화가 성공을 거두면서 덩달아 주제가도 크게 인기를 끌었다.

　　강남 달이 밝아서 님이 놀던 곳
　　구름 속에 그의 얼굴 가리어졌네
　　물망초 핀 언덕에 외로이 서서
　　물에 뜬 이 한 밤을 홀로 새울까

큰 사랑방의 주인은 ○○ 은행 두취(지금의 은행장)이다. 그는 열두 폭 병풍에 둘러싸인 비단 보료에 앉아 아침 신문을 뒤적거린다. 방 안에는 전깃불이 환하다. 서안 옆 우아한 조선식 등잔대는 그저 멋으로 세워 둔 것이다. 낮은 문갑 위에는 붓을 담은 필통이 있고, 그 옆으로 반짝반짝 잘 닦인 조선 자기가 놓여 있다. 이렇게 골동품을 모으는 건 단지 호사스러운 취미를 넘어 재산을 불리는 수단이기도 하다.

매일 새벽 신문을 대령하는 일은 행랑아범의 몫이다. 그는 조선 총독부의 기관지인 일본어판 〈경성일보〉와 조선어판 〈매일신보〉를 구독한다. 〈조선일보〉나 〈동아일보〉 따위의 일제에 입바른 소리를 하는 불온한 신문은 처다보지도 않는다.

"쯧쯧, 세상 꼴이 어찌 되려고 이러나?"

두취가 기사를 읽다가 못마땅해서 혀를 끌끌 찬다. 그의 얼굴은 혈색이

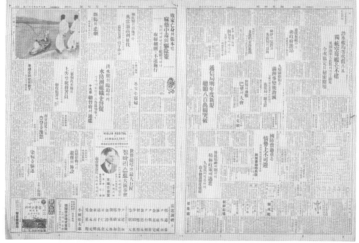

한글과 한문이 섞여 있는 〈매일신보〉. 일제 강점기에 조선 총독부의 정책을 선전하던 신문이다. 신문 기사 아래쪽에 광고를 실은 구성이 요즘의 신문과 거의 비슷하다. 1935년 6월 20일자 조간이다.

붉어 건강해 보인다. 이마에서 정수리로 넓게 펼쳐진 대머리를 감추기 위해 몇 가닥 안 되는 머리카락을 옆으로 올려붙여 전체 머리를 덮도록 정성스레 빗질한 눈치다.

두취가 '불령선인(불온하고 불량한 조선 사람들이라는 뜻으로, 일제가 자기네 말을 고분고분 따르지 않는 조선 사람을 가리키던 말)'들에 관한 기사를 읽으면서 눈살을 찌푸린다. 그는 자신이 직접 겪은 1919년 사이토 총독의 암살 미수 사건을 떠올리는 중이다. 사이토 총독을 환영하러 갔다가 덩달아 큰일을 당할 뻔했다.

"간발의 차로 사이토 총독 각하가 무사하셔서 얼마나 다행인지…… 하늘이 도운 게야. 어딜 감히! 그때 그 강우규라는 조선 놈을 생각하면 지금도 치가 떨리는구면."

두취가 마치 눈앞에 강우규 의사가 있는 것처럼 허공을 노려본다.

'저런 자가 바로 친일파구나!'

두취에게서 책이나 영화에서만 보던 친일파의 모습이 떠오르자 온몸이 부르르 떨린다. 자신이 조선 사람이라는 사실을 까맣게 잊은 모양이다. 두취는 불령선인 기사에서 강우규 의사에 대한 기억으로 넘어가다가, 문득 장남을 떠올리고는 입맛을 쩝쩝 다신다.

그는 도쿄대학교 상과 대학에 유학 중인 장남을 며칠 전에 급히 불러들였다. 아무래도 장남에게서 사회주의 사상에 물든 낌새가 보이는 듯해서였다. 조선의 내로라하는 은행가이자 소문난 일본통으로, 장차 은행에서 은퇴하면 '중추원 참의(조선 총독부의 자문기관인 중추원의 구성원. 대표적인 친일파에게 나눠 준 관직)' 감으로 손꼽히는 그의 집안에서 사회주의자가 나온다는 건 천부당만부당한 일이다.

지난겨울, 방학을 맞아 집에 온 장남과 다툰 기억이 아직도 께름칙하다. 장남은 한사코 가난한 조선인들의 편을 든다. 세상이 바뀌어야 한다며 대드는 걸 손찌검까지 하면서 호되게 꾸짖었다.

"요즘 젊은 녀석들은 시건방지단 말이야. 고생을 안 해 봐서 세상 물정을 몰라. 사회주의다, 노동 계급이다 떠들어 대는 놈들이 옷차장은 모던이니 뭐니……. 왜 그리하누?"

두취는 장남의 사상에서 옷차림까지 마음에 드는 게 한 군데도 없다.

"내가 어렸을 땐 고생을 얼마나 많이 했는데. 자식한테 고생을 대물림하지 않으려고 죽기살기로 노력하는데!"

그런 마음을 눈곱만치도 몰라주는 장남에게 화가 치민다.

두취가 열다섯 살 나던 해의 일이다. 동학군이 집에 들이닥쳐서 남자들을 죄다 끌고 가려 했다. 그는 이불을 뒤집어쓴 채 방 안에 숨어 있다가, 어둠을 틈타 여자로 변장한 뒤 도망을 쳐서 가까스로 살아남았다. 두취는 그런 난리를 겪으며 고생고생하다가, 1910년에 '일한 합병'의 대업이 이루어지면서 세상의 질서가 바로잡히게 되었다고 느낀다.

"도쿄대학교 상대를 다니는 엘리트라면 세상 돌아가는 이치 정도는 줄줄 꿰고 있어야지."

두취는 장남 생각에 인상을 잔뜩 찌푸리다가 만주 관련 기사를 읽으면서 금세 얼굴빛이 환해진다. 1932년에 일제가 만주국을 세운 뒤 '만주 붐'이 일어났다. 일제가 농민들을 만주 지역으로 이주시키는 정책을 추진하면서 조선의 자본가들도 함께 진출하도록 장려한 것이다.

두취는 이런 분위기에 편승해서 은행 돈으로 대규모 주식 투자를 할 계획이다. 그와 별도로 사업 전망이 좋은 곳에 개인 돈을 투자할 꿍꿍이도 꾸미고 있다.

◆ 이정숙이 부른 〈낙화유수〉의 주제가가
담긴 SP 레코드판. 1929년에 일본
콜롬비아 레코드사에서 발표했다.

◆ 1930년대에 사용한 축음기(유성기).

사랑채에는 열두 폭 병풍 앞에 레코드판이 돌아가는 축음기가 놓여 있었고, 안채에는 화장품과 거울 달린 경대, 그리고 싱거 미싱 등 최신 물건들로 가득했다.

◆ 일제 강점기에 만들어진 꽃과 새가 그려진 자수화조도 12폭 병풍.

◆ 1920년대에 생산된 싱거 미싱. 발로 맨 아래쪽의 페달을 밟으며 사용하는 재봉틀이다.

◆ 얼굴을 하얗게 보이도록 만들어 주던 박가분.

◆ 거울이 달린 경대. 거울을 접어서 궤짝 안에 넣으면 보관하기 편하다.

"그 녀석만! 그 녀석만 내 뜻대로 되면 여한이 없는데!"

두취는 입맛을 쩝쩝 다신다. 그런 모습을 보고 있으려니 가슴이 갑갑해지면서 한숨이 절로 비어져 나온다.

구리무와 백색 피부 미인

안방마님은 일본식 돗자리인 다다미를 깐 방에서 꽃꽂이를 하는 중이다. 마님은 작고 가는 화병에 꽃을 앙증맞게 꽂는다. 소담스럽게 꽃을 꽂는 조선식과는 다르다. 마님은 집 안 곳곳을 꽃으로 장식할 참이다.

ㄱ자 모양의 안채에도 유리문이 달려 있다. 유리문과 안채의 벽 사이에는 장마루가 깔려 있는데, 유리문 안쪽의 장마루는 복도로 쓰인다. 그래서 신발을 신었다 벗었다 하지 않고 안채를 빙 두른 복도로 집 안을 자유롭게 돌아다닐 수 있다. 유리창으로 비껴든 아침 햇살이 복도 바닥에 창살 무늬를 아로새겨 놓는다. 안채 복도에는 동그란 갓을 씌운 알전등이 환하게 켜져 있다.

사랑채와 안채도 복도로 이어져 있다. 사랑채와 안채를 엄격하게 나눈 조선 시대 한옥과 다르다. 그나마 중간에 쇠로 만든 문고리가 있는 여닫이문을 달아서, 사랑채에 손님이 와서 묵을 때면 문고리를 잠가 안채와 사랑채를 분리한다.

안채의 건넌방은 며느리 이씨의 방이다. 안방과 비슷한 모양이지만 크기가 작다. 한구석에 유명한 '싱거 미싱'이 놓여 있다. 발로 페달을 밟아서 작동하는 가정용 재봉틀이다. 싱거는 이 재봉틀의 상표이고, 미싱은 머신의 일본식 발음이다. 이씨는 미싱으로 곧잘 간단한 옷이나 가정용 소품을 만든다.

지금은 경대를 보며 머리를 매만지는 중이다. 쪽진 머리에 동백기름을 발라 머리단장을 마치고 화장을 하기 시작한다. 신여성들에게는 화장이 필수가 된 지 오래됐지만, 여염집 여인들은 특별한 날에만 화장을 한다.

오늘은 특별히 비누로 정성을 다해 세안을 했다. 비누는 등겨기름에 가성 소다를 섞어 만드는데, 가격이 굉장히 비싸다. 그러고 나서 개성의 창성상점에서 판다는 미안수, 구리무(크림의 일본식 발음)를 차례대로 얼굴에 듬뿍 바른다.

그 위에다 큰돈 주고 마련한 서가장분을 톡톡 발라 준다. 한때 박승직상점에서 만든 '박가분'이 경성 여인들한테 선풍적인 인기를 끌었는데, 납 중독을 일으킨다고 하여 이제는 사용하지 않는다.

이씨는 분을 치덕치덕 두껍게 발라 얼굴을 허옇게 만든다. 지나치게 하얗다는 느낌이 들지만, 요즘 경성에서는 아름다움의 기준이 서양의 '백색' 피부 미인이다. 그래서 화장품 광고에 미백 효과가 빠지지 않고 등장한다.

이씨는 눈썹을 초승달 모양으로 그리고 붉은 연지를 바른 다음, 윗입술과 아랫입술을 소리 나게 맞부딪힌다. 연지가 입술에 골고루 스며들게 하기 위해서이다.

벽시계를 본 이씨의 얼굴이 발그스름해진다. 오늘따라 마음이 한껏 설레는 모양이다.

순화원 갈 놈, 뭐니 뭐니 해도 위생이 첫째!

안채는 한눈에 봐도 정갈하다. 안방마님이 어찌나 위생에 철저한지 온 집 안에서 티끌 하나 찾아볼 수 없다. 화장실도 마찬가지다. 우스개로 여기서 밥도 먹을 수 있겠다는 소리가 절로 나올 지경이다.

이 집에서는 무엇보다 위생이 제일이다. 위생을 강조하는 건 두취의 파란만장한 경험에서 비롯되었다. 두취는 여섯 살 때 천연두에 걸렸는데, 두 뺨에 마맛자국이 희미하게 남아 있다. 일곱 살 때는 콜레라로 어머니를 잃었고, 결혼하던 해에는 장티푸스에 걸려 죽을 뻔하다가 아내의 극진한 간호로 간신히 살아났다.

두취는 천연두, 콜레라, 장티푸스 같은 병에 걸리는 이유가 조선 사람들의 위생 관념이 부족하기 때문이라고 생각한다. 특히나 온갖 세균이 재래식 변소의 불결한 환경에서 생겨난다고 철석같이 믿고 있다.

식수도 문제다. 이 집은 수돗물만 마신다. 상수도가 설치되어 있어서 수도꼭지를 틀면 물이 콸콸 나온다. 원래 조선에서는 다섯 집마다 하나씩 우물을 파서 식수를 해결했다. 그때만 해도 맛 좋고 시원한 우물물을 벌컥벌컥 마셔도 아무런 문제가 없었다.

하지만 하수도 시설을 제대로 갖추지 않은 탓에 경성의 식수는 오염이 심각해졌다. 1930년대에는 하수도로 쓰던 청계천의 오염이 너무 심해서 '탁계천'이라고 불릴 정도였다.

1920년대에 물이나 음식물에 들어 있는 세균에 의해 전염되는 콜레라가 크게 유행했다. '호랑이에게 찢겨 죽는 것같이 아프다'고 해서 '호열자'라고도 불리던 콜레라로 수많은 사람들이 목숨을 잃었다.

경성에서 전염병으로 죽는 사람의 숫자는 해가 갈수록 늘어났다. 1914년에 조선인 79명, 일본인 110명이 전염병으로 사망했는데, 1932년에는 조선인 382명, 일본인 624명으로 그 수가 대폭 늘어났다. 18년 동안 조선인은 2,692명, 일본인은 3,576명이 전염병으로 죽었다.

이런 배경에서 '순화원 갈 놈'이라는 욕이 새롭게 생겨났다. 순화원은 전염병에 걸린 환자를 격리시킬 목적으로 세운 병원이었는데, 의사도 아닌 일본 경찰들이 제대로 진찰도 하지 않은 채 환자들을 마구잡이로 잡아 가두었다. 그래 놓고선 치료는커녕 열악한 환경에 방치해서 도리어 전염병이 옮는 경우가 많아, 한번 들어가면 죽어 나오기 일쑤였다. 그래서 전염병을 앓을 놈이라는 뜻으로 사용하던 '염병할 놈'이라는 욕 대신, '순화원 갈 놈'

최초의 상수도 시설이자, 경성의 수도를 책임지던 뚝섬 정수장. 1908년에 세워졌다.

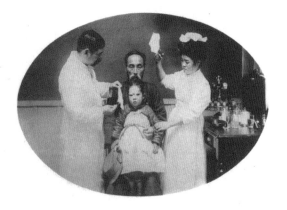

어린아이들에게 천연두 예방 주사를 놓는 모습. 현대식 의료 장면을 담은 사진은 종종 일제의 우월함을 광고하는 데 사용되었다.

이란 욕이 쓰이게 된 것이다.

그 무렵 조선 총독부에서는 '수돗물은 깨끗하고 우물물은 더럽다.'고 대대적으로 선전을 했다. 경성에 사는 일본인들은 수돗물을 마셨지만, 조선 사람들은 우물물을 마시거나 공동 수도에서 물을 사서 마셨다. 수도를 설치할 여유가 있는 조선 사람은 세 명 중 한 명에 불과했다.

어느새 수돗물과 우물물은 문명과 야만의 대립이 되었다. 문제는 시간이 지날수록 위생적인 측면을 떠나, 조선의 전통과 관습이라면 무조건 불결하고 미개한 것으로 배척받게 되었다는 점이다. 나라를 빼앗기면서 존엄성마저 상실한 셈이다.

한 지붕 아래 도쿄 유학생, 고보생, 고녀생

갑자기 대문 쪽이 시끌시끌하다.

"도쿄에서 도련님이 오셨습니다!"

행랑아범이 크게 소리친다. 아까 경성역에서 만났다 헤어진 모던 보이다. 콧수염 사내와 함께 어디론가 사라지더니, 이제야 도착한 모양이다.

모던 보이는 사랑채와 안채에 들러 부모님에게 각각 인사를 올리며 화과자(일본 과자)와 모찌(일본 떡)를 내놓는다. 그러곤 건넌방은 거들떠보지도 않은 채 사랑채로 발걸음을 옮긴다. 그는 아내에게 살갑게 굴지 않는다. 모던 보이가 도쿄로 유학을 떠난 데에는 집안끼리 맺은 혼인의 굴레에서 벗어나고 싶은 마음도 있었으리라.

모던 보이는 도쿄 유학 생활 내내 자유를 만끽했다. 본디 아버지가 강요한 도쿄대학교 상과 대학은 적성에 맞지 않았다. 학업은 뒷전으로 미룬 채 우에노 공원을 어슬렁대다가, 밤에는 신주쿠와 긴자 거리를 늦도록 쏘다녔다. 과격한 사상을 지닌 친구들과 밤새워 토론을 벌이기도 했다.

일본이 미우면서도 조선보다 앞선 문명이 부러웠고, 조선을 사랑하면서도 일본에 뒤처진 수준이 진저리나게 싫었다. 그의 마음은 현해탄을 사이에 둔 조선과 일본을 시계추처럼 왔다 갔다 하며 끊임없이 흔들렸다.

모던 보이가 제 방으로 들어가기 전에 아랫방을 흘깃 쳐다본다. 사랑채 아래쪽에는 큰아들과 작은아들이 쓰는 방이 나란히 붙어 있다. 전통 한옥에서는 사랑마루를 사이에 두고 큰 사랑방과 작은 사랑방이 놓인다. 이 저택은 정원 쪽으로 사랑마루를 놓는 바람에 아들들이 쓰는 사랑방이 아래쪽으로 내려가 있다. 큰 사랑방과 사랑마루, 작은 사랑방들은 복도로 연결되어 있어서 다니기가 수월하다.

도쿄에서 큰아들이 왔다고 온 집안이 떠들썩한데도 작은 사랑방은 기척 하나 없이 조용하다.

작은 사랑방에서 비단 이불을 덮은 채 쿨쿨 자고 있는 작은아들은 고보생이다. 재작년에 6년제 보통학교를 졸업하고 5년제 명문 고등보통학교에 입학했다. 고등보통학교를 줄여서 '고보'라고 부른다. 고보생은 경성제국대학(지금의 서울대학교) 법학부 진학을 목표로 하고 있다. 어렵기로 소문난 경성제국대학 수학 시험에 합격하기 위해 사설 강습소를 다니면서, 일주일에 두 번 경성제국대학에 다니고 있는 가정 교사에게 과외를 받는다.

일제 강점기에는 법관과 의사가 조선인이 도달할 수 있는 최고의 직업이다. 조선인에게는 최고위 공직자나 정치가의 길이 막혀 있었기 때문이다. 그래서 법대와 의대에 진학하는 것이 그나마 조선인으로서 출세할 수 있는 지름길이다.

두취가 일본어를 쓰는 경성중학교에 작은아들을 보내지 않은 것은 큰아들의 실수를 되풀이하고 싶지 않았기 때문이다. 큰아들은 일본인들이 주로 다니는 소학교와 중학교를 졸업한 뒤 도쿄대학교로 유학을 가는 엘리트 코스를 밟았다. 대학 졸업 후 두취의 뒤를 이어 은행에 취직해 대대손손 은행가 집안으로 승승장구하길 기대했건만, 유학 생활을 하는 동안 불온한 사상에 물들어 그 꿈이 물거품이 될 지경에 이르렀다.

고보생의 방은 우리 시대 중고등학생들의 방과 크게 다르지 않다.

일본에서 생산한 '헤루메스 수신기'. 1930년대에 사용하던 진공관 라디오이다.

책상 위에는 풀다 만 문제집이 이리저리 흩어져 있고, 책꽂이에는 사설 강습소에서 나눠 준 수학 참고서와 문제집이 빽빽하게 꽂혀 있다. 개중에는 일본어로 된 참고서도 있다.

벽에는 조선 최고의 무용수인 최승희의 고혹적인 모습을 담은 브로마이드가 붙어 있다. 그 옆 작은 책상에는 라디오가 놓여 있는데, 밤늦게까지 수학 문제를 풀며 경성방송국의 최신 음악 방송을 듣는 게 고보생의 유일한 낙이다.

고보생은 가까스로 눈을 뜨고서도 이불 속에서 한참을 꼼지락거린다.

'어이쿠, 저러다 지각하면 혼쭐이 빠질 텐데!'

안채의 부엌 아래쪽 방에서는 이른 아침부터 피아노 소리가 들린다. 이 방에는 재간둥이 막내딸이 머물고 있다. 손위로 오빠가 둘 더 있었는데 어릴 적에 병을 앓다가 죽었단다. 오빠들 틈에서 귀염을 독차지하고 두취와 마님이 제일 애지중지하는 딸이다. 막내딸은 고등여학교를 다니고 있다. 고등여학교를 줄여서 '고녀'라고 부른다.

피아노를 치던 막내딸이 책장에서 톨스토이의 《안나 카레니나》를 꺼내 마지막 대목을 읽는다. 플로베르의 《보바리 부인》과 더불어 막내딸이 제일 좋아하는 소설이다. 막내딸은 소설광이다. 책장에는 사랑채의 일어판 세계문학 전집에서 빼온 톨스토이와 도스토옙스키, 푸시킨의 작품이 실린 러시아 소설들이 나란히 꽂혀 있다. 막내딸은 안나 카레니나가 기차에서 몸을 던지는 대목에 이르자 창밖 너머 먼 곳을 아련히 바라본다.

"목숨을 바친 낭만적 사랑, 거부할 수 없는 사랑! 나한테도 언젠가는 이런 운명적인 사랑이 찾아오겠지!"

막내딸은 돈이나 지위, 집안 따위를 따지는 혼사는 맹렬하게 거부한다. 그저 오늘도 자유연애를 꿈꾸며 책가방을 챙긴다.

문명의 맛, 아지노모도

부엌에서는 며느리 이씨가 아침상을 차리느라 분주하다.

'이럴 수가!'

이 저택은 근대식 한옥에 서양식과 일본식을 접목한 신식 집이다. 그런데도 부엌은 허리를 굽히고 일해야 하는 옛날식 그대로이다. 낮은 부뚜막에 밥을 짓고 국을 끓이는 크고 작은 무쇠솥이 여럿 걸려 있다.

부엌 옆에는 찬방 마루와 온돌방이 있다. 찬 음식과 저장 음식을 보관하는 방이다. 아담한 조선식 찬장에는 그릇들이 가지런히 놓여 있다. 부엌 문은 밖의 장독대로 연결되어 있다. 장독 뚜껑을 하나 열어 보니, 메주에 숯과 고추를 동동 띄운 조선식 간장이 담겨 있다. 모든 게 빠르게 바뀌는 시대에도 부엌과 입맛만은 느리게 변하는 모양이다.

이 집안에는 며느리 외에도 집안일을 돕는 일손이 많다. 집에서 먹고 자며 집안일을 도와주는 안잠도 있고, 어린 하녀도 있고, 행랑어멈도 있다. 그러니 딱히 부엌을 고칠 필요성을 못 느끼는 것이리라.

이씨는 며칠 전에 안방마님과 함께 일일 식단을 짜 두었다. 안방마님은 며느리와 함께 월별로, 주별로, 일별로 영양소를 골고루 섭취할 수 있는 식단을 짠다. 이 집안에서는 음식을 간소하게 차리고 영양을 골고루 섭취하는 '생활 개선 운동'을 적극 실천한다.

안방마님은 조선식 상차림을 멀리한다. 7첩이니 9첩이니 하면서 먹지도 않는 음식을 상다리가 휘어지게 차리는 걸 낭비라고 여기기 때문이다. 아무리 조선 사람을 '천하 대식가'라고들 해도, 그릇에 음식을 수북이 담아서 한꺼번에 내는 것도 꺼린다. 한번에 다 먹을 만큼만 적당히 차려서 낸다. 어른들이 물린 상을 받아 아이들이나 아랫사람들이 먹는 '상물림' 풍속 역시 위생 문제로 이 집안에서 사라진 지 오래다.

이씨가 특별한 아침상을 준비한다. 오랫동안 객지살이를 한 남편을 위해서 평소와 달리 푸짐하게 한 상 차리려고 한다. 입맛을 돋우는 봄나물, 굴비구이, 뱅어포, 명태전을 낸다. 그래도 조선식 상차림처럼 푸짐하게 음식을 담지 않고 앙증맞은 일본식 접시에 조금씩 덜어서 내놓는다.

조선 사람한테 보글보글 된장찌개가 빠질 수 없다. 도쿄에서 오래 산 남편의 입맛을 맞추기 위한 '신식' 음식으로 나라스케와 당면 잡채를 준비한다. 나라스케는 큰 참외를 술지게미에 넣어 발효시킨 장아찌인데 아삭아삭 씹히는 맛이 일품이다. 일본인들이 즐겨 먹는 밑반찬이다. 이씨는 당면 잡채에 왜간장의 대명사인 깃코만 간장을 넣는다.

"집집마다 장맛이 다르다."

"장맛을 보면 그 집의 음식 솜씨를 알 수 있다."

평소에 안방마님은 집안에서 대대로 내려오는 장맛을 중시하고 공장에서 만드는 달착지근한 왜간장이라면 질색을 한다. 그래도 신식 당면 잡채에 왜간장을 넣는 건 허락한다. '당면'은 당나라, 즉 중국의 국수란 뜻이다. 중국에서는 '펀탸오'라고 부르는데, 19세기 말에 처음 우리나라에 들어왔다. 조선 시대에 채소와 갖은 재료를 한데 볶는 '잡채'가 있었는데, 거기에

◆ 1930년대 일간지에 실린 아지노모도 광고. 전국 곳곳에서 무료 시식회
를 열기도 했다.

당면을 추가해 새로운 요리가 생겨난 것이다.

맛이 궁금해서 한 젓가락 집어서 먹어 본다. 우아, 요즘 우리가 먹는 당면 잡채와 맛이 거의 똑같다!

'앗, 이씨가 지금 막 된장찌개에 넣은 것은……?'

이씨가 '아지노모도'를 된장찌개에 마구 뿌리는 걸 보고 입이 쩍 벌어진다. 아지노모도는 감칠맛을 내는 화학조미료의 원조 격이다. 1909년에 일본 기업에서 제조하기 시작했는데, 그 이듬해에 우리나라로 들어왔다. 성분은 흔히 우리가 엠에스지(MSG)라고 부르는, 글루탐산 나트륨이다. 궁금증을 참지 못하고 된장찌개를 한 숟가락 떠서 맛보다가 그만 퉤퉤 뱉어내고 만다. 조미료 맛이 강해서 너무 느끼하다.

1920~30년대에 아지노모도의 판매가 부쩍 늘어난다. 아지노모도주식회사의 엄청난 광고 공세가 한몫을 해서이다. 신문과 잡지, 방송, 전차 안 등에 광고물을 게시했는데, 초창기 〈독립신문〉에 실렸던 '이 물건이 좋으니 한번 사서 써 보시오.'라고 점잖게 권하던 소박한 광고와는 느낌이 전혀 다르다. 이제 아예 대놓고 소비자들의 마음을 유혹하는 광고 카피로 바뀐 것이다.

이것만 잇스면
이 세상 음식은
자유자재로
모다 맛잇게 할 수 잇습니다.
만점! 만점!

음식이 맛이 잇서

입맛이 댕겨

먹을 만한데

아지노모도를 첫슬 테지.

이뿐만이 아니다. 길거리에 커다란 간판을 세우고 샘플을 뿌려 대는 건물론, 공중에다 애드벌룬까지 띄워 올린다. 도시에서는 주부를 대상으로 아지노모도를 이용한 요리 강습회를 열고, 시골에서는 장날에 악대를 앞세운 채 약장수가 즉석에서 판매를 한다.

심지어 요리책도 펴내어 '모든 음식을 맛있게 만드는 아지노모도'라며 요리의 마지막 단계에 꼭 넣어서 감칠맛을 낼 것을 권장한다. 대대적인 광고에 힘입어 아지노모도는 넣기만 하면 어떤 맛이든 낼 수 있는 신비한 화학조미료, 즉 '문명의 맛'으로 등극한다.

아내가 정성스럽게 차린 아침상을 받은 모던 보이는 말없이 수저를 놀린다. 그러다 된장찌개를 한 숟가락 떠서 입에 넣으며 생각에 잠긴다.

'조선식 된장국은 짜고 텁텁해. 미소시루(후루룩 마시는 일본식 된장국)랑 자완무시(부드러운 달걀찜)가 그립군.'

이씨가 솥에 물을 붓고 끓인 숭늉을 가져온다. 방 안에 숭늉 냄새가 구수하게 퍼진다. 하지만 모던 보이는 연방 손사래를 치며 불퉁하게 말한다.

"커피 없소?"

던긔소제긔가 윙윙, 집안일이 척척!

"어라, 이게 뭐지?"

부엌에서 나와 찬방을 둘러보다가 신기한 물건을 발견한다. 바로크풍의 우아한 다리가 달린 찬장인데, 양쪽 문을 열어 보니 차가운 냉기가 훅 흘러 나온다! 냉장고와 비슷해 보인다. 이 저택의 부부는 신식 물건이라면 무조건 좋아하는 듯하다. 전기 제품도 예외가 아닌 모양이다.

마침 옆에서 나이 든 안잠이 새로 온 어린 하녀에게 '랭장고(냉장고)' 사용법을 알려 주고 있다. 랭장고 안에 고기와 생선을 넣어 두면 석 달 열흘(설마?!)을 두어도 썩지 않는다며 제 것인 양 자랑을 늘어놓는다.

전기냉장고는 1920년대 초 미국 가정의 인기 제품이었는데, 일본을 통해 조선의 상류층으로 흘러 들어갔다. 처음에는 사용법을 제대로 알지 못한 채 음식물을 무턱대고 오랜 시간 넣어 두는 바람에 식중독 사고가 잦았다고 한다.

안잠이 어린 하녀에게 찬방 위의 다락방에서 물건들을 꺼내 오라고 한다. '선풍긔(선풍기)', '대리미(다리미)', '던긔소제긔(전기청소기)'가 다락방에서 줄줄이 나온다. 안잠은 선풍기를 '던긔 부채'라고 부른다. 한여름에 더위를 몹시 타는 안방마님의 방에 놓는단다. 예전에는 자신이 마님 옆에서 부채질을 하느라 힘들었는데, 던긔 부채는 아무리 부채질을 해도 지칠 줄을 모른다며 침을 튀기며 칭찬을 한다.

지난해에는 대리미를 들여놓았다는데, 한여름에 인두를 달구지 않아도 되어서 얼마나 편리한지 모르겠단다. 그런데 안잠이 던긔소제긔를 보고는 고개를 절레절레 젓는다. 집안에 사용법을 아는 사람이 없어서 아직까지

1930년대에 일본 회사인 도시바에서 생산한 전기 가정용품. 위에서부터 시계 방향으로 전기냉장고, 전기세탁기, 전기청소기이다.

사용한 적이 없단다.

안잠이 잠시 자리를 비운 틈에 소제긔의 전기 코드를 콘센트에 꽂아 본다. 그러고 나서 먼지 쌓인 곳에 소제긔의 입구를 대고 스위치를 누르자, 순식간에 전기 발동기가 돌아가면서 먼지를 주머니 안으로 쏙쏙 빨아들인다. 요즘 사용하는 전기청소기와 사용법에서는 별반 차이가 없다!

영특해 보이는 어린 하녀가 몇 번 따라해 보더니 뎐긔소제긔 사용법을 금세 터득한다. 스위치를 켜자 윙윙 소리가 나면서 먼지를 쫙쫙 빨아들인다. 뎐긔소제긔가 청소를 척척 해내면 어린 하녀가 하는 일이 조금은 줄어들게 될까?

일자리를 찾아 도시로, 도시로!

이른 아침부터 대문 옆에 있는 행랑채에서 곡소리가 난다.
"그 돈이 어떤 돈인데!"

행랑어멈이 안채에 들릴까 봐 숨을 죽이며 눈물을 쏟다가 저고리 고름에 코를 팽 푼다. 옆에서 보통학교에 다니는 아들내미가 훌쩍훌쩍 울고 있다. 다달이 학교에 내는 '월사금', 그러니까 수업료를 낼 시기가 훌쩍 지났기 때문이다.

아들내미는 월사금이 밀렸다고 담임 선생님한테 매일 닦달을 당한다. 공부라면 반에서 제일가지만, 선생님의 구박을 견디기가 힘들어 학교에 가지 않겠다며 떼를 쓰곤 한다. 그런 아들의 모습을 볼 때마다 행랑어멈의 가슴에는 피멍이 든다.

엊그저께 행랑어멈이 품삯을 한 푼 두 푼 모아 가까스로 월사금을 마련했다. 그런데 행랑아범이 그 귀한 돈을 '미두장'에서 홀라당 날려 버렸다. 미두장은 곡물 거래 시장이다. 실제로 쌀이나 콩 따위의 곡물을 사고파는 게 아니라, 시세가 오르락내리락하는 걸 이용해서 약속으로만 거래를 한다. 일종의 투기 행위인 셈이다. 일제 강점기에는 인천과 군산 같은 큰 항구에 주로 미두장이 섰다.

"큰돈을 벌 수 있다기에 그만……."

행랑아범은 눈을 멀뚱히 뜨고 담배만 뻑뻑 피워 댄다. 큰돈을 손에 쥐게 해 주겠다는 투기꾼의 꾐에 넘어가서 행랑아범처럼 목돈을 갖다 바치는 피해자가 나날이 늘어나 심각한 사회 문제가 되고 있다.

행랑아범은 본디 착실한 사람이었다. 전라도의 소작농 집안에서 태어났는데, 넉넉하진 않지만 입에 풀칠은 하고 살았다. 그의 인생은 1910년부터 1918년까지 일제가 우리나라 땅을 빼앗기 위해 벌인 토지 조사 사업의 광풍에 휘말리면서 어긋나기 시작했다.

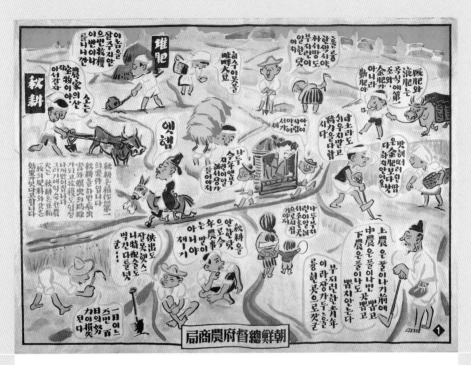

1. 1940년대에 조선 총독부에서 만든 '산미 증식 장려' 광고지. 조선에서 생산된 쌀은 헐값에 일본으로 수출되었다.
2. 군산에 마련된 미곡취인소. '미두장'이라고도 불렸는데, 주로 일본인 중개인들의 배를 불리는 용도로 이용되어 사회 문제를 일으키곤 했다.

일제는 먼저 농민들에게 토지의 주인과 가격, 모양, 크기 등을 정해진 날짜까지 신고하도록 했다. 그 뒤 신고를 마친 토지에는 세금을 철저하게 매기고, 신고하지 않은 토지는 동양척식주식회사와 일본인에게 헐값으로 넘겼다.

결국 농사지을 땅을 잃은 농민들은 새로운 일자리를 찾아서 경성이나 평양, 부산 같은 대도시로 떠나야만 했다. 만주나 일본으로 이주를 하는 이들까지 생겨났다.

행랑아범도 먹고살기가 팍팍해 가족을 이끌고 경성으로 올라왔다. 살 집도 변변히 없어서 땅을 파고 거적을 얹은 토막에서 가까스로 비바람만 피했다. 몇 해 동안 먹고살기 위해 지게꾼이나 날품팔이 등 가리지 않고 닥치는 대로 일을 했다. 먼 친척의 소개로 작년부터 계동 저택의 행랑채에 살게 되었다. 이제야 한시름 놓았다 싶었는데, 월사금이라는 무서운 복병이 도사리고 있을 줄이야…….

귀가 얇은 행랑아범은 지금 머릿속으로 또 엉뚱한 생각을 하고 있다. 전국적으로 유행하는 '금광' 찾기에 합류하려는 속셈이다. 잃은 돈을 되찾기 위해 더 큰 도박에 손을 대려는 모양이다.

이런 사정을 까맣게 모르는 행랑어멈은 오늘에서야 돈이 없어진 걸 알고는 온 집안이 떠나가라 울며불며 난리를 피운다. 그러면서도 혹여 이 사실이 안방마님의 귀에 들어갈까 봐 무서워서 벌벌 떨고 있다. 행랑아범이 미두장에서 돈을 잃은 사실이 알려지면 불호령이 떨어지는 것을 넘어, 집에서 쫓겨날까 봐 마음 놓고 울지도 못하는 처지다.

더 철저하게, 더 가혹하게
일제의 무단 통치

1910년 8월, 우리나라의 주권을 빼앗은 일제는 입법, 사법, 행정뿐 아니라 군대까지 아우르는 식민지 최고 권력 기관인 '조선 총독부'를 경성에 설치한다. 총독부의 우두머리인 조선 총독은 일본 군대의 육군이나 해군 대장 중에서 뽑았는데, 국왕 직속으로 일본 의회의 통제조차 거의 받지 않았다.

조선 총독부는 군대와 경찰력을 동원한 무단 통치를 실시하는데, 일제의 헌병 경찰은 재판 없이 민간인에게 벌금을 부과하거나 폭력을 행사할 수 있었고, 마음대로 잡아다 감옥에 가둘 수도 있었다.

◆ 일본이 1908년에 설립한 동양척식주식회사의 모습. 1917년에 본점을 도쿄로 옮긴 뒤, 우리나라, 타이완, 만주, 사할린 등 일제의 식민지 각지에 지점을 설치해 운영했다.

또 우리나라 사람들의 집회와 결사, 신문 발행을 금지하고, 조선 교육령을 공포하여 조선 총독의 허가 없이는 학교를 설립할 수 없도록 했다. 모두 독립운동을 막기 위한 폭력적인 통치 방식이었다. 조선 총독부는 경제적으로도 철저하게 우리 국민들의 재산을 수탈할 준비를 갖춰 나갔다.

[토지 조사령] 제4조

토지 소유자는 조선 총독이 정한 기한 내에 주소, 성씨, 이름과 소유한 토지의 주소, 지목, 자번호, 사표, 등급, 지적, 결수를 임시토지조사국장에게 신고해야 한다. 단, 국유지의 경우, 보관 관청이 임시 토지조사국장에게 통지해야 한다.

-〈조선 총독부 관보 12호〉 1면, 1912년 8월 13일

1912년에 일제가 공표한 토지 조사 사업의 내용이다. 조선 총독부는 전국적으로 토지 조사를 실시한 뒤, 기한 내에 신고하지 않은 토지를 전부 몰수해 동양척식주식회사와 일본인에게 헐값으로 넘겨주었다.

따라서 최신 소식에 어둡거나, 신고하는 방법을 모르는 많은 농민들이 땅을 잃고 일본인 지주 밑에서 일하는 소작농으로 전락했다. 또 신고한 토지의 주인에게는 토지 조사 전보다 두 배 이상의 세금을 매겨서 거두어들였다. 경성의 종로경찰서가 독립운동가를 체포하고 악랄하게 심문한 폭력 통치의 상징이라면, 동양척식주식회사는 식민지 경제 수탈의 상징이었다.

이토록 무자비하고 폭력적인 무단 통치는 1919년에 전국적으로 일어난 3·1 운동을 계기로 막을 내리게 된다. 그 뒤 일제는 다른 방식의 통치 수단을 모색하기에 이른다.

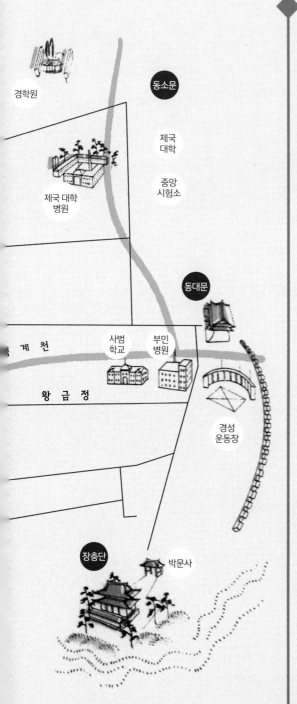

경학원

동소문

제국
대학

중앙
시험소

제국 대학
병원

동대문

계 천

사범
학교

부민
병원

황 금 정

경성
운동장

장충단

박문사

식민지 시대의 살벌한 학교생활

때ㅣ오전
장소ㅣ북촌의 고등보통학교

줄 가운데에 신나게 체조를 하는 두취네
막내딸이 있다. 학교 담장 너머로 짓궂은
사내 녀석들이 여학생들이 체조하는 모습을
구경하기 위해 몰려든다. 수위 아저씨가
고래고래 소리를 질러 녀석들을 내쫓는다.
그래 봤자 다시 슬그머니 몰려들 것이다.

학교 종이 땡 땡 땡

늦잠을 잔 고보생은 전차에서 내려 숨이 턱에 닿도록 뛴다. 계동 저택에서 고보까지는 전차로 통학한다. 전차는 하루에 11만 명 이상의 사람들이 이용하는 '경성부민의 발'이 된 지 오래다. 등교 시간과 출퇴근 시간대의 전차 안은 콩나물시루와 다름없다.

고보생은 아침도 굶은 데다 만원 전차에서 시달리고 나니 속이 울렁거린다. 그래도 교문을 향해 죽을힘을 다해 뛰어간다. 지각을 하면 끝장이니까. '시간 엄수', 그중에서도 등교 시간을 지키는 것은 학교 규율 중에서 제일 중요하다.

고보생은 교문까지 냅다 달리는 중에도, 책가방을 들지 않은 손으로 교복 깃의 겉단추를 얼른 채우고 모자를 바로 쓴다. 이름표는 제대로 붙어 있는지, 다리에 찬 각반은 삐뚤어지지 않았는지도 서둘러 점검한다.

학생들이 지켜야 할 학교 규칙 중에서 '시간 엄수'와 더불어 '복장과 용모에 관한 규율'이 가장 엄격하다. 복장은 단정해야 하는 게 원칙이다. 복장에 대한 규정이 어찌나 세세한지 모른다. 가령 윗옷에는 호주머니가 왼쪽 오른쪽에 하나씩, 가슴에는 단추 다섯 개, 소매에는 단추 두 개, 옷깃에는 학년을 나타내는 로마 숫자 배지, 오른쪽 안주머니에는 흰 베를 만들어 붙인 이름표……. 일일이 나열하자니 끝이 없다. 교복뿐만 아니라 신발, 안경, 모자에 대한 규정도 엄격하다. 안경은 학교의 허락을 받아야만 쓸 수 있다.

용모 단속에서는 두발 검사가 제일 엄격하다. 머리카락 길이가 정확히 몇 센티미터까지여야 하는지도 정해져 있다.

'무시무시한 복장 검사를 무사히 통과해야 할 텐데…….'

교문이 저만치 보이자 고보생의 얼굴에 긴장감이 감돈다. 머리카락이 그새 훌쩍 자란 것 같아 마음에 걸린다. 규율을 담당하는 학생 주임 교사와 선도부 선배들이 어깨를 젖히고 양 다리를 쩍 벌린 채 교문 앞에 위풍당당하게 늘어서 있다. 그들을 보자마자 오금이 저린다. 고보생은 선배들에게 "경례!"를 하고 무사히 교문을 통과한다.

보통학교에서 아침 조회를 하는 모습.

1940년대 초, 학생들의 등교 모습. 살벌한 분위기가 그대로 전해진다.

'후유', 교문에서 조금 멀어지자 그제야 한숨을 돌린다.

"엎드려뻗쳐!"

갑자기 운동장에서 학생 주임 교사의 찌렁찌렁한 구령 소리가 울려 퍼진다. 복장 검사를 통과하지 못한 학생들이 운동장에 엎드리자 몽둥이찜질이 시작된다.

"딱! 딱! 딱!"

엎드려뻗쳐를 하던 학생들이 픽픽 고꾸라진다. 학생 주임 교사는 벌을 받는 중에 쓰러졌다는 이유로 매를 더 사납게 휘두른다.

땡 땡 땡.

그때 학교 종이 울린다. 복장 검사에 걸린 학생들과 지각생들은 수업에 들어가지 못하고 넓디넓은 운동장을 오리걸음으로 도는 기합을 받는다. 고보생들이 체벌과 기합을 받는 모습을 눈앞에서 보고 있으려니 온몸이 사시나무처럼 떨린다.

일제 강점기 학교는 '규율의 제국'이다. 느닷없이 손톱 검사를 하는 것도 모자라, 마구잡이로 가방을 뒤지며 소지품 검사를 한다. 학생이 자율적으로 할 수 있는 일은 거의 없다. 언제나 일방적인 지시에 따르거나 허락을 받고 움직여야 한다. 교실의 커튼을 여닫는 일조차 교사의 허락을 받는다.

군부 독재 정권이 권력을 휘두르던 우리나라의 1970년대 말 고등학교 풍경을 생생하게 그린 영화 〈말죽거리 잔혹사〉에 나오는 장면과 너무나도 비슷하다. 아니, 정확하게는 거꾸로다. 군부 독재 시기 폭력에 물든 비인간적인 학교 규율의 '뿌리'가 바로 일제 강점기에 있다고 해야 맞는 말일 테니까.

일제 강점기의 학교 규율에서 학생들은 한 인간으로서 가져야 하는 최소한의 존엄성이나 권리조차 보호받지 못한다. 오히려 비인간적인 처우로 악명 높았던 군대나 감옥의 규율과 비슷하다.

한껏 무거운 마음을 안고서 교실로 저벅저벅 걸어간다.

오늘은 월사금 내는 날

운 좋게도 전체 조회는 피했다. 만약 오늘이 월요일이었다면 지긋지긋한 전체 조회에 꼼짝없이 붙들려 있었으리라. 전체 조회 때는 뙤약볕이 내리쬐는 운동장에 군대식으로 줄을 맞추어 선 채, 일장기에 대한 경례와 일본 국가 합창을 마친 뒤 언제 끝날지 알 수 없는 일본인 교장의 일장 연설을

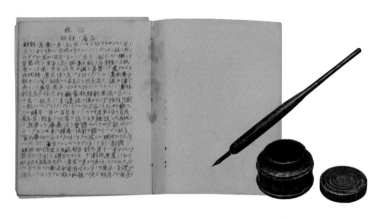

일제 강점기에 사용하던 공책과 펜. 일본어로 열심히 필기를 한 흔적이 보인다.

얌전히 들고 있어야 한다. 배가 살살 아파도, 벌레한테 물려도 절대 움직여
선 안 된다! 아무렴, 운이 좋고말고.

오늘은 일본인 담임 교사가 교실에서 조회를 한다. 고보생들이 쑥덕거리
는 소리가 귀에 들린다.

"조심해! 미친개한테 물릴라!"

'미친개'는 학생들이 붙인 일본인 담임 교사의 별명이다. 화가 나면 물불
가리지 않고 닥치는 대로 학생들에게 매질을 해 대는 바람에 생긴 별명이
란다.

교실로 들어서는 담임 교사가 얼굴을 잔뜩 찌푸리고 있다. 학생들은 순
식간에 얼음처럼 굳어 버린다. 떠들썩하던 교실 분위기가 빙하기처럼 급격
히 냉각된다.

"기립!"

급장이 호령하자 전체 학생이 자리에서 일어난다.

"차렷!"

학생들이 일사분란하게 차렷 자세를 취한다.

"담임 선생님께 경례!"

학생들이 허리를 구십 도로 굽혀 공손히 인사를 한다. 곧이어 담임 교사가 출석부를 펼친다.

"1번! 2번! 3번!"

학생들의 이름이 아닌 번호로 출석을 부른다.

"오늘도 월사금 안 가져온 사람! 일어섯!"

담임 교사가 교단 위에서 불호령을 내린다. 학생들이 숨죽이며 서로의 눈치를 살피는 사이에, 서너 명이 머뭇머뭇 자리에서 일어난다. 반 학생들의 시선이 그들에게 꽂힌다. 자리에서 일어난 학생들의 얼굴이 벌겋다. 며칠 전부터 조회 시간과 종례 시간을 가리지 않고, 담임 교사가 월사금을 내라고 닦달을 해 댔다. 월사금을 내지 못한 학생들은 교무실에 수시로 불려 다닌다.

"고얀 놈들, 너희는 학급을 위하는 마음이 눈곱만큼도 없어."

엥, 이건 또 무슨 소리인가? 교사의 입에서 꾸지람과 욕설이 폭격기처럼 학생들 머리 위로 연달아 떨어져 내린다.

"우리 반이 월사금 성적에서 꼴등이란 말이다. 내가 교무실에 갈 때마다 얼굴을 들고 다닐 수가 없다. 교장 선생님 뵐 낯이 없어서……."

마치 빚 갚기를 독촉하는 빚쟁이 같다. 교사와 학생의 관계가 채권자와 채무자로 바뀌다니! 그다음에 교사의 입에서 쏟아져 나오는 소리는 황당하기 짝이 없다.

"그까짓 공부 잘하면 뭐 하나? 기본 의무인 월사금 성적이 꼴찌인데!"

교무실에는 학급별로 월사금을 낸 학생들의 숫자를 막대그래프로 그려 걸어 놓았다. 담임 교사는 학년 주임한테, 학년 주임은 교감이나 교장한테 월사금 문제로 줄곧 잔소리를 듣는다. 월사금을 내야 하는 매달 마지막 날이면 교실에서 흔히 벌어지는 풍경이다.

월사금을 제때 내지 못하는 가난한 집 학생들은 시시때때로 '빚단련'에 시달린다. 빚 갚기를 독촉 받아서 괴롭힘을 당하는 빚쟁이 신세와 매한가지이다. 다달이 겪는 일이다 보니, 그들에게는 노란색 월사금 봉투가 공포 그 자체이다.

오늘은 월사금을 내는 마지막 날, 서너 명의 학생이 끝내 교실 밖으로 쫓겨난다. 이들은 어두컴컴한 복도에 서서 교실에서 수업받는 친구들의 모습을 부러운 듯 바라본다.

문득 행랑어멈의 아들내미가 떠올라 아연해진다. 지금쯤 교실에서 쫓겨나 복도에서 울고 있지는 않을는지.

1교시, 살 떨리는 수신 시간

땡 땡 땡.

수업 시작을 알리는 종이 울린다. 급장의 구령에 맞춰 반 학생들이 수신 과목 담당 교사에게 인사를 한다.

"기립!"

"차렷!"

"수신 선생님께 경례!"

모든 수업 시간의 시작과 끝에 반복되는 인사이다. 그런데 '수신'이라고? 난생처음 들어 보는 낯선 과목에 고개를 갸우뚱거린다. 굳이 따지자면 도덕과 비슷한 과목이다. 다른 점이라면 천황 아래 일본 국민으로서 필요한 자질을 갖추는 게 목표라고나 할까.

수신 교사는 동그란 안경테를 쓰고 콧수염을 기른 일본인 교사이다. 수업이 시작되면 등을 꼿꼿이 세워 바른 자세로 앉아야 한다. 교과서를 두 손으로 바로잡고, 눈은 교사만 뚫어지게 쳐다봐야 한다. 곁눈질을 해서는 안 된다. 짝꿍과 귓속말을 주고받아서도 안 된다. 하품이나 기지개 같은 생리 현상조차 금지다. 모든 행동은 교사의 허락을 받아야 한다.

교실 분위기가 활시위를 잡아당긴 듯 팽팽하다. 학생들은 조마조마한 마음으로 교사의 입만 뚫어지게 바라본다.

"30번!"

오늘 날짜다. 번호를 불린 학생이 벌떡 일어선다. 앗, 계동 저택의 고보생이 아닌가? 심장이 덜컹 내려앉는다.

"신민들은……."

고보생이 '교육 칙어'를 외우기 시작한

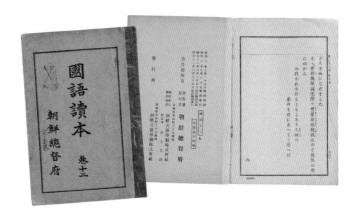

국어 독본 교과서 표지와 내지. 일본어로 쓰여 있다.

다. 교육 칙어는 일본 천황이 내린 교육에 관한 내용을 말하는데, 한마디로 천황을 믿고 따르며 신민으로서의 의무를 다하라는 내용이다. 수신 교과서의 맨 앞 장에 실려 있다. 고보생이 교육 칙어를 외우다가 중간에 막힌다. 만날 외우는데도 이 모양이다. 더듬더듬 간신히 외우기를 마친다.

"다음 40번!"

휴우, 다행히 그냥 넘어간다. 하지만 급우들은 속사정을 안다. 조선 총독부의 유력 인사들과 친하다는 친일파 두취의 아들이 아니었으면 피멍이 들도록 매질을 당했으리라는 사실을.

1922년 제2차 조선 교육령에 따라 일본어를 일상적으로 사용하는지를 기준으로, 조선어 사용자는 보통학교(4년제에서 6년제로)에서 고등보통학교(4년제에서 5년제로)로, 일본어 사용자는 소학교(6년제)에서 중학교(5학년)로 나누어 다니게 되었다. 일본어 사용 여부에 따라 나누었지만, 실제로는 조선인과 일본인을 구별하고 분리하려는 교육 제도이다.

조선인이 다니는 고등보통학교는 6년제 보통학교를 마치고 들어가는 5년제 중등 교육 과정이다. 고보에서는 일본어와 일본의 역사, 지리는 물론, 천황의 통치 이념과 신민의 의무를 가르쳐 조선인을 천황의 충직한 신민으로 길러내는 걸 목표로 삼는다.

우리 시대 학교에서 '국어·영어·수학'을 중요하게 생각하는 것처럼, 고보에서는 수신·국어·역사·지리를 핵심 과목으로 여겼다. 해당 과목에는 반드시 일본인 교사를 배치했다.

여기서 충격적인 사실 하나! '국어'는 일본어이고, 지리에서 우리나라는 일본의 한 지방으로 다루어진다는 점이다.

82

◆ 1921년, 고등보통학교의 화학 실습 수업(위)과 체육 활동 모습(아래).

조선 총독부는 조선인을 대상으로 '차별'과 '동화'라는, 어찌 보면 서로 맞지 않는 정책을 펼쳤다. 다 같이 천황의 신민이라고 하면서도, 조선인에게는 참정권이나 자치권을 주지 않고 차별했다. 그러면서 조선인에게 일본어와 일본 역사, 일본 지리를 가르치며 일본식 의식주 문화를 퍼뜨리는 동화 정책을 폈다. 일제의 이런 동화 정책이 본격적으로 펼쳐지는 곳이 바로 학교였다.

일제 강점기의 교실에서는 일본인으로 만들고자 하는 동화 정책과 동시에 조선인과 일본인의 민족적 차별, 그리고 빈부 격차에 따른 차별까지 확연하게 드러났다.

1교시 수신 시간이 반쯤 지났을 무렵, 오리걸음을 끝낸 지각생들이 땀에 흠뻑 젖은 모습으로 교실에 들어온다.

하늘의 별 따기, 경성제국대학을 향하여!

땡 땡 땡.

1교시 수업의 끝을 알리는 종이 친다. 학생들이 우르르 복도로 몰려 나간다. 수업 시간 내내 부동자세를 취한 탓에 온몸이 쑤신다.

'정숙'

'좌측통행'

복도마다 표어가 붙어 있지만 혈기 왕성한 십 대 소년들은 아랑곳하지 않는다. 괴성을 지르며 복도를 휘젓고 계단을 쿵쾅쿵쾅 뛰어 내려간다. 이러다 재수 없게 감독 교사한테 걸리기라도 하면 신발을 입에 물고 꿇어앉

	일본인		조선인			
고등교육	대학 본과(3~4학년)		전문학교(3학년)			
	대학 예과(1~2학년)					
중등교육	중학교 (5년, 남자)	고등여학교 (5년, 여자)	고등 보통학교 (5년, 남자)	여자고등 보통학교 (5년, 여자)	사범학교 남자 5년 여자 4년	실업학교 직업학교
초등교육	소학교 (6년)		보통학교 (6년제)	보통학교 (4년제)		

제2차 조선 교육령 시기(1922~1938) 조선의 학교 제도. (성재철, 1989년)

아 두 손을 드는 벌을 서야 할 텐데…….

두취네 고보생은 반 동무들이 모두 복도로 나가는데도 제자리에서 꿈쩍을 하지 않는다. 학원 숙제가 산더미같이 쌓여 있기 때문이다. 고보생은 한숨을 푸푸 내쉬며 수학 문제를 푼다. 머리에서 쥐가 날 지경이다.

오늘 저녁 7시부터 10시까지 경성의 '대치동' 학원가 격인, 황금정에 있는 사설 강습소에서 일본어와 한문 수업을 들어야 한다. 내일은 유명한 수학 강사의 수업을 들으러 숭인동에 있는 경성 강습소로 간다.

주말에는 족집게로 유명한 외국어와 수학 가정 교사가 각각 방문해서 과외 수업을 한다. 방과 후 학원에 가야 하는 것도 힘든 일이지만 학원에서 내 주는 숙제를 하는 건 더 어렵다. 학원 숙제를 안 해 가면 학원 강사한테 몽둥이찜질을 당하기 일쑤이다.

고보생이 하품을 늘어지게 한다. 평소에 잠이 턱없이 부족해서 머리가 멍하다. 게다가 수학은 정말이지 싫어하는 과목이다. 고보생이 손가락을 튕기며 연필을 빙빙 돌리다가 잔꾀를 낸다.

"야, 이 수학 문제 좀 풀어 봐."

수학 숙제를 우등생인 짝꿍에게 슬쩍 넘긴다. 짝꿍은 이번 달은 무사히 지나갔지만 가끔씩 월사금을 내지 못해 교실에서 쫓겨나곤 한다. 집안 형편은 어려워도 머리가 비상해서 공부를 썩 잘한다.

'이게 웬 떡이냐?'

짝꿍은 고보생이 건넨 수학 문제지를 받아 들곤 반색한다. 경성제국대학

경성제국대학 본부와 법문학부.
법문학부는 1929년에 첫 졸업생을 배출했다.

입시용 예상 문제다! 심지어 도쿄대학교 입학 시험 기출 문제도 있다. 짝꿍은 신이 나서 곧장 연필을 들고 수학 문제를 쓱쓱 풀기 시작한다. 고보생은 앞으로 학원에서 내 주는 수학 숙제는 모두 짝꿍한테 넘기기로 마음먹고 선 책상에 엎드려 모자라는 잠을 보충한다. 고보생은 머리를 책상에 대자마자 쿨쿨 잠이 든다.

두취네 고보생은 입학시험이라면 이골이 났다. 보통학교도, 고등보통학교도 입학 시험을 치르고 힘겹게 들어갔다. 고보 입학식 날, 두취는 둘째 아들의 의견을 묻지도 않은 채 경성제국대학 법학부에 들어가라고 '선포'해 버렸다.

일제 강점기에 경성제국대학 법학부는 출세의 지름길이다. 법학부 졸업생들은 오늘날의 행정고시나 외무고시, 입법고시, 사법고시 등에 해당하는 '고등 문관 시험'에서 단연코 두각을 나타냈다. 시험에 합격하면 행정관, 외교관, 판사, 검사에 임명되는 자격이 주어졌고, 설령 떨어지더라도 추천을 받아 군수 같은 고급 관리가 될 수 있었다.

1926년에 세워진 경성제국대학은 예비 과정인 1~2년의 예과와 3~4년의 본과로 나뉜다. 예과의 입학 경쟁률은 해마다 약간씩 다르지만 응시생대비 합격자의 비율이 약 15% 정도이다. 하지만 내로라하는 수재들이 경쟁하는 터라 경쟁률 자체는 큰 의미가 없다.

경성제국대학이 경성에 있다고 해서 조선인 학생만 입학하는 건 아니다. 일제 강점기를 통틀어 경성제국대학 예과 합격자 중 일본인이 조선인의 두 배가 넘는다(조선인 33.5%, 조선 거주 일본인 42.2%, 일본 본토 출신 일본인 24.3%).

본토 출신의 일본인을 제외하더라도, 전체 인구의 3%도 안 되는 조선 거주 일본인의 합격률이 42.2%나 된다. 이는 조선인과 일본인의 모집 비율이 현저하게 다르기 때문이다. 그러니 조선인 학생끼리의 경쟁은 더욱더 치열할 수밖에. 이래서 경성제국대학 예과에 입학하는 건 '하늘의 별 따기'보다 어렵다는 말이 나온다.

고보생은 집에서 공부하라는 소리를 귀가 짓무르도록 듣고 산다. 경성제국대학 입시만 생각하면 숨이 막히고 피가 마르고 살이 빠진다.

"재수는 필수, 삼수는 기본!"

고보는 입시를 위한 전쟁터로 바뀐 지 오래다. 게다가 걸핏하면 입시 제도가 휙휙 바뀐다. 1930년부터 요즘으로 치면 수시 모집 전형이라 할 수 있는 제도가 도입되었다. 수시 모집 전형에는 '학업 성적'과 출석, 결석, 지각, 조퇴 횟수를 합산한 '근태'가 8 대 2의 비율로 반영된다. 학업 성적에는 시험 점수, 문답, 학습 태도가 평가 요소로 들어간다. 그러다 보니 반 동무가 경쟁자가 되기 십상인 데다, 학업 성적을 얼만큼 공정하게 매기느냐가 관건으로 떠오른다.

또한 경성제국대학에 들어가려면 교장의 '소견표'가 중요하다. 원래 소견표란, 교장이 학생의 학업·품행·신체 기록을 적은 서류이다. 여기에 일제 강점기라는 상황에서 학생 본인과 집안의 사상 경향, 6·10 만세 운동 가담 여부, 보유 재산 검증이 슬며시 끼어들었다.

1920년대에 이어 1930년대에도 학생들의 동맹 휴학이 자주 일어났다. 1926년의 6·10 만세 운동, 1929년의 광주 학생 운동에 이어 1930년대에도 학생 운동이 지속적으로 일어났다. 1931년에만 83건의 동맹 휴학이 일어

낮을 정도다. 교육 당국에서는 사상이 불온한 학생은 절대로 경성제국대학에 입학할 수 없다고 못을 박았다.

우리는 일제 강점기의 학교 모습에서 지금 겪고 있는 성적 위주의 교육, 사교육 만능주의, 입시 지옥의 '뿌리'를 발견한다. 그 거대한 뿌리를 캐서 통째로 들어내는 일은 지나온 세월만큼 오래 걸릴지도 모르겠다.

쭉쭉 뻗어! 여학교의 체조 시간

비슷한 시각, 붉은 벽돌 건물을 뜻하는 '아카렌가' 이 층 건물에 초록 지붕을 얹은 학교 건물이 야트막한 기와집과 초가집 사이로 우뚝 솟아 있다.

일본 요코하마의 명물이 된 아카렌가 건물. 당시 경성에서도
아카렌가 건물을 쉽게 찾아볼 수 있었다.

이 학교는 보통학교를 졸업한 뒤 입학하는 중등 학교이다. ○○ 여자고등 보통학교, 줄여서 ○○ 고녀라고 부른다.

붉은 벽돌 건물 앞에 넓은 운동장이 있다. 이 여학교는 한 학년이 송(松), 죽(竹), 매(梅), 국(菊), 네 개 반으로 이루어져 있다. 오십여 명의 여학생이 한 학급을 이룬다.

1교시 매화반의 체조 시간. 아래위 흰색 체육복을 입고 흰 머리띠를 단정하게 두른 여학생들이 줄을 맞춰 서 있다.

"하나!"

"둘!"

"셋!"

구령에 맞춰 두 팔과 두 다리를 쭉쭉 뻗어 보건 체조를 하는 중이다. 줄 가운데에 신나게 체조를 하는 두취네 막내딸이 있다. 학교 담장 너머로 짓 궂은 사내 녀석들이 여학생들이 체조하는 모습을 구경하기 위해 몰려든다. 수위 아저씨가 고래고래 소리를 질러 녀석들을 내쫓는다. 그래 봤자 다시 슬그머니 몰려들 것이다.

"저렇게 힘든 일을 아랫것들에게 시키지, 왜 직접 하는지 모르겠다."

고종 황제가 테니스 경기를 구경하고 나서 한 말이란다. 힘든 노동과 스 포츠를 구분하지 못하는 전근대적 사고방식을 여실히 보여 주는 에피소드 이다.

그렇지만 고녀에서는 체육 수업이 중요하다. 근대 교육에서는 '지덕체 (智德體)'를 강조하기 때문이다. 그래서 몸을 단련하는 체육 과목이 중요한 과목으로 여겨진다.

게다가 일제 강점기에는 여학생들의 '건강'과 '모성'을 유난히 강조했다. 일제는 국가가 번성하려면 인구가 늘어나야 하고, 인구가 늘어나기 위해서는 장차 어머니가 될 여학생들이 건강해야 한다는 논리를 폈다. 여학생은 미래에 튼튼한 아이를 낳는 '어머니'가 되어야 하므로 건강한 신체를 지녀야 한다는 식이다.

2교시 가사 수업 시간.

조선인 교사가 들어온다. 다른 과목은 일본인 교사가 많지만 가사와 조선어, 무용 수업은 조선인 여교사가 맡는다. 오늘은 이론을 주로 하는 수업이다. 가사 교사가 가정에서 의식주의 위생이 얼마나 중요한지 강조한다. 아이가 아프거나 응급 환자가 발생했을 때 상비약을 사용하는 법도 가르친다.

다른 수업 시간에는 일본 요리 실습이나 아기 돌보는 법을 배우기도 한다. 막내딸은 국어(일본어)와 조선어, 영어 수업 시간이 제일 좋다. 역사와 지리, 공민 과목도 나쁘지 않다. 체조 시간과 방과 후 동아리 활동으로 하는 배구 연습도 즐겁다. 그러나 가사, 재봉, 수예 수업은 딱 질색이다. 수업 내용에도 흥미를 느끼지 못할 뿐더러, 교사들의 반복되는 잔소리가 무지무지 싫다.

"여자는 모름지기 현모양처가 되어야 한다."

수업 시간에 귀에 딱지가 앉을 정도로 듣는 소리다. 막내딸은 교사의 잔소리를 한 귀로 흘려들으며, 가사 교과서 밑에 몰래 숨겨 둔 노천명의 시집을 펼쳐 한 구절 읽는다.

1939년 금강산에 야유회를 간 고녀생들을 그린 그림. 당시 학생들의 모습을 짐작해 볼 수 있다.

나도 그를 따라 풀잎을 헤쳐 보았소

그러나 찾으면 복된다는 네잎클로버를

영영 찾지 못한 서운한 마음

이름 모를 적은 꽃 하나 따서

옷가슴에 꽂았었소

막내딸은 장래 희망이 수시로 바뀐다. 소설가를 꿈꾸다가 엉뚱하게 여행가가 되고 싶기도 하고, 뜬금없이 화가가 멋있어 보이기도 한다. 조선 총독부의 조선인 교육 정책의 목표는 '충량한 국민'을 길러내는 데 있다. 천황을 따르고 불순한 생각을 품지 않는 온순한 국민이 되라는 것이다.

여학생에게는 한 가지가 덧붙는다. 부모에게 순종하고 남편에게 내조를 잘하고 자식을 잘 키우는 일본적인 '현모양처' 교육이다. 여기에 정절과 순종, 근면, 성실해야 한다는 규범을 강요받는다.

○○ 고녀를 다니는 여학생들도 진로 상담을 받는다. 하지만 교사가 되거나 결혼을 하라는 게 전부다.

얼굴에는 미소를, 손에는 칼을
일제의 문화 통치

1919년 3월, 전국적인 민족 저항 운동인 3·1 운동을 계기로 일제는 무력을 동원한 무단 통치에서 회유와 이간질을 곁들인 문화 통치로 지배 방법을 바꾼다. 악명 높았던 헌병 경찰 제도도 보통 경찰 제도로 바꾸고, 우리나라 사람이 신문을 간행하는 것도 허용했으며, 무관만 임명하던 조선 총독 자리에 문관도 임명할 수 있도록 했다.

하지만 보여 주기 식에서 크게 벗어나지 못했다. 이 점은 해방이 될 때까지 조선 총독의 자리는 전부 현역 군인들 차지였다는 점에서도 드러난다. 말로만 강압적인 통치를 그만두겠다고 했을 뿐, 영향력 있는 인물을 중심으로 친일 단체를 조직하도록 지원하여 유리한 여론을 조성하고, 친일 지식인들을 집중적으로 양성하는 등 독립운동 세력을 분열시키는 데 집중했다. 경찰서와 경찰의 수 역시 1919년 이전에 비해 세 배가량 늘어나 독립운동가들에 대한 탄압이 더욱 가혹해졌다.

통치 수단이 바뀌면서 경제 수탈 역시 본격화된다. 1910년대 후반에 들어서면서 치솟는 쌀값에 허덕이던 일제는 산미 증식 계획(1920)을 세워 실행에 옮겼다. 저수지를 만들고, 품종을 개량하고, 논의 면적을 늘려 국내 쌀 생산량은 늘어났지만, 일제는 증가한 쌀 생산량보다 더 많은 양을 일본으로 가져갔다. 따라서 농민들은 농사지은 쌀을 구경도 하지 못한 채 만주에서 들여온 잡곡으로 끼

◆ 1925년 군산항의 모습. 사진 오른쪽에 일본으로 반출하려는 쌀이 층층이 쌓여 있는 모습을 찾아볼 수 있다.

니를 때웠다. 이런 현상은 일본의 쌀값이 안정되는 1934년까지 계속되었다.

농민들은 토지 조사 사업으로 일본인 지주의 소작농으로 전락해 먹고사는 데 급급했을 뿐만 아니라, 산미 증식 계획의 비용까지 소작료에서 부담하느라 형편이 더욱 나빠져 만주로 이주하거나 도시로 몰려들어 품팔이를 하게 된다. 1926년에 약 3십만 명이던 빈곤층의 수가 1931년에 백만 명으로 크게 늘어난 것도 결코 이와 무관하지 않다.

일제는 허울 좋은 문화 통치를 내세우면서, 뒤로는 한반도를 식량 기지로 삼아 수탈을 가속화하는 데 여념이 없었다. 1930년대 후반에는 '표면상의 문화 통치'마저도 집어던지고, 국가 총동원법을 실시하여 인력과 물자를 마음껏 수탈하게 된다.

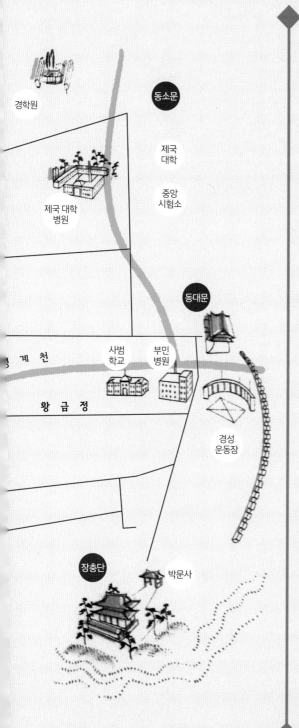

경학원

제국
대학

중앙
시험소

제국 대학
병원

동대문

사범
학교

부민
병원

청계천

황 금 정

경성
운동장

장충단

박문사

4

하늘에서 본
경성의 봄

때 | 이른 점심
장소 | 경성 상공

일본어로 '사쿠라'라고 불리는 벚꽃이
경성 시내 곳곳에 흐드러지게 피어 있다.
일본인들이 호들갑을 떨며 즐기는
벚꽃놀이인 '하나미'를 위해 일제 강점기에
경성 시내에 심은 벚나무이다.
바람이 불 때마다
벚꽃이 해끗해끗 꽃비가 되어 날린다.

경성의 하늘에 두둥실 떠올라

딸 대신 며느리를 밭으로 내보낸다는 따가운 봄볕이 쨍쨍 내리쮠다. 시계를 보니 오전 열한 시 오 분 전이다. 본격적으로 경성 유람에 나서기 전에 잠깐 생각에 잠긴다. 경성을 한눈에 훑어보려면 뭘 타야 하지? 전통스런 멋이 흐르던 조선 시대 한양과 달리, 이렇게 '모던'한 시대에는 어떤 탈 것이 어울릴까?

경성 시내를 거미줄처럼 연결하며 '경성부민의 발'이 된 전차를 탈까? 경성 시내를 도는 유람 버스를 타고 이름난 관광지를 돌아다니는 건 어떨까? 아니면 택시를 타고 남산공원에 올라 경성 시내를 한눈에 내려다볼까?

흠, 각각 장점이 있긴 하지만 시간이 많이 걸리거나, 유명 관광지 중심이거나, 오후 일정과 겹친다. 유감스럽게도 시간이 많지 않다. 우리는 고작 당일치기 여행자일 뿐이니까!

결국 경성 상공에 상상의 열기구를 띄우기로 한다. 열기구 따위가 시시하다면 《닐스의 모험》에 나오는 하늘을 나는 거위 모르텐의 등이라고 상상해도 좋다. 아니면 최근에 유행하는 드론을 띄우는 것도 괜찮겠다. 어쨌든 시끄러우면 곤란하니까, 경성 사람들 눈에 띄지 않게 가만히 공중에 떠서 경성 시내를 내려다보도록 하자.

새벽의 짙은 안개는 깨끗이 사라졌다. 시야가 확 트여 어디서든 북한산 형제봉이 뚜렷하게 보인다. 식민지에도 어김없이 봄은 찾아왔고, 봄날의 경성은 빼어나게 아름답다!

연둣빛 신록이 싱그럽다. 경성 시내에 울긋불긋한 봄꽃이 활짝 피었다. 복숭아꽃, 살구꽃, 진달래꽃, 그리고 벚꽃 천지다. 일본어로 '사쿠라'라고 불리는 벚꽃이 경성 시내 곳곳에 흐드러지게 피어 있다. 일본인들이 호들 갑을 떨며 즐기는 벚꽃놀이인 '하나미'를 위해 경성 시내에 심은 벚나무이 다. 바람이 불 때마다 벚꽃이 해끗해끗 꽃비가 되어 날린다.

공중으로 떠올라 내려다보니 성벽 곳곳이 허물어진 게 가장 먼저 눈에 들어온다. 숭례문과 흥인지문은 성문 양옆의 성벽이 철거되어 외딴 섬처럼 보인다. 어이쿠, 돈의문(서대문)은 눈을 씻고 봐도 찾을 수가 없다! 일제는 전차를 복선화하겠다며 돈의문을 경매에 붙였다. 그래서 당시 돈으로 205 원, 환산하면 쌀 열일곱 가마 값에 팔린 뒤 삼 개월도 지나지 않아 흔적도 없이 사라져 버렸다. 한양 도성을 지키던 사대문 중 하나였는데, 더 이상 볼 수 없게 된 것이다.

우리는 새벽안개 속에 도착한 경성역을 더듬거려 찾는다. 반구형 돔이 우뚝해서 금세 눈에 띈다. 경성역에서 조선 총독부까지 가는 길을 눈으로 더듬는다. 제국의 관문인 경성역에서 출발해, 숭례문이 있는 남대문통을 거쳐, 태평통의 '경성부 청사'를 지나고, 광화문통의 '조선 총독부'로 이어 지는 길.

◆ 경성 시내가 한눈에 내려다보인다. 경복궁 앞을 가로막고 있는 조선 총독부와, 남산을 장악한 조선신궁이 가장 먼저 눈에 띈다. 청계천을 경계로 남촌과 북촌을 비교해 보는 재미도 쏠쏠하다. 한강 남쪽으로 보이는 여의도 비행장도 꽤 낯설지만, 지도 왼쪽 위와 오른쪽 위로 철도가 하얼빈과 블라디보스토크까지 연결된다는 사실도 눈여겨볼 만하다. 1929년에 열린 조선 박람회를 기념하여 만든 지도인데, 일제의 경계가 만주까지 뻗어 있다는 사실을 강조하려는 의도가 엿보인다.

1. 성벽이 헐린 남대문의 모습. 주변으로 전찻길이 나 있고, 남대문으로 사람들이 자유롭게 지나다닌다.
2. 1930년대 태평로 교차로. 교차로 중앙에 보이는 경성부 청사 앞이 남과 북으로 난 도로가 만나는 교통의 중심지였다. 지금의 서울시청 앞 광장이다.
3. 용산에 주둔한 일본군 부대의 전경(1930). 일제 강점기에 개발된 지역을 기존 용산과 구별하여 신용산으로 불렀다.

4. 일제 강점기의 한강 철교. 한강에 가장 먼저 놓인 다리이다.

5. 1930년대 영등포 피혁 공장의 모습. 기차 노선이 지나가는 덕분에 물자 조달이 쉬워지자 공장이 속속 들어섰다.

6. 1930년, 동대문 옆 경성운동장의 모습. 해방 후, 동대문운동장으로 이름이 바뀌었다.

거침없이 뚫린 이 직선 대로가 바로 일제 권력의 핵심이다! 수많은 독립 운동가를 형무소와 사형장으로 내몰고, 논밭을 잃은 농민들을 만주와 간도로 내쫓은 추악한 '권력의 길'이다.

눈길이 자연스레 조선 총독부 뒤쪽의 경복궁에 이른다. 수많은 전각들이 헐려서 근정전과 경회루 외 몇몇 건물, 그리고 광화문 정도만이 남아 있다. 일제가 '동양 최대 건축물'이라고 선전할 정도로 화려한 위용을 뽐내는 조선 총독부 건물의 뒤편에 을씨년스럽게 서 있는 조선의 궁궐 경복궁……

옛 왕조의 슬픈 운명만큼이나 쓸쓸한 모습이다.

서로 다른 풍경, 북촌과 남촌

뜻밖에도 청계천은 대번에 찾을 수 있다. 쩝, 청계천에 흐르는 물이 시커 멓다. 하수도 시설이 제대로 갖추어지지 않은 탓에 각 가정에서 버린 더러 운 물이 마구 흘러들어서일 게다.

공중에서 내려다보니, 청계천 북쪽과 남쪽의 거리 모습이 확연히 다르 다. 마치 우리 시대 서울이 한강을 사이에 두고 구도심인 강북과 신도심인 강남으로 나뉘듯이, 일제 강점기의 경성도 청계천을 경계로 북촌과 남촌의 모습이 선명하게 구별된다. 실제로는 청계천이 아니라 황금정(지금의 을지

1920년대 후반, 남산에서 바라본 경성 시내. 아래쪽의 조선 은행과 명동성당 사이가 남촌, 위쪽에 있는 조선 총독부의 오른쪽이 북촌이다. 두 지역의 건물을 비교해 보면 높이에 서부터 뚜렷하게 차이가 난다.

명동성당

로)이 남과 북을 가르는 기준선이었다고 한다.

청계천 북쪽을 '북촌'이라고 부른다. 이름은 같아도 조선 시대에 지배층이 살던, 경복궁과 창덕궁 사이의 북촌과는 엄연히 다르다. 일제 강점기의 북촌은 종로를 중심으로 발달한 거리다. 기독교 청년회(YMCA)와 한성전기회사, 화신백화점 같은 근대식 건물이 간혹 보이고, 넓은 거리에는 전차가 무시로 지나간다.

대부분은 조선인이 운영하는 ○○ 상회, △△ 양복점 간판을 단 이층 한옥들이다. 그다음에는 경성제일고보, 경성고녀, 경성중학교, 교동보통학교 같은 학교 건물이 유독 눈에 띈다.

이번에는 눈길을 돌려 청계천 남쪽을 내려다본다. 청계천 남쪽은 '남촌'이다. 개항 당시 일본인들의 거주지였던 남산 기슭, 즉 우리 시대 충무로 입구인 진고개에서 시가지가 발달하기 시작했다. 일본식 가옥이 집중적으로 모여 있다.

쓱 훑어봐도 화려한 볼거리가 많다. 미쓰코시백화점(신세계백화점), 조선은행(한국은행 화폐금융박물관), 경성우편국(중앙우체국 자리, 건물은 철거되었다.), 동양척식주식회사, 경성전기주식회사, 혼마치호텔 같은 근대식 건물이 우뚝 서 있다.

1926년에 조선 총독부를 미쓰코시백화점 자리에서 광화문통으로 옮긴 뒤 일본인들은 적극적으로 북촌에 진출했다. 북촌이 정치·행정·교육의 중심지라면, 남촌은 상업·금융의 중심지다.

본래 한양은 돈의문과 흥인지문을 연결하는 동서로 난 종로와 종각에서 숭례문에 이르는 고무래 정(丁)자형 도로가 중심이었다. 그런데 공중에서 내려다본 경성의 도심부는 우물 정(井)자, 바둑판 모양의 도로망을 갖추고 있다.

동서를 잇는 종로, 황금정, 본정(지금의 충무로), 종묘 관통 도로가 있고, 남북을 잇는 태평통, 남대문통, 돈화문통, 의원통, 혜화문통 도로가 있다. 이렇게 동서남북으로 바둑판 모양을 띤 도로망이 우리 시대 서울과 거의 비슷해 보인다.

경성에 반듯반듯한 바둑판 모양의 도로가 생겼으니 편리하고 좋은 거 아니냐고? 천만에, 남북을 잇는 도로는 남촌을 근거지로 모여 살던 일본인들이 1920~1930년대에 걸쳐 북촌으로 진출하면서 생겨난 것이다. 이 도로를 타고 일본인들이 상업·금융의 중심지와 정치·행정의 중심지를 연결하면서 식민 지배를 공고히 했다.

게다가 도로를 닦는 과정에서 한양의 구불구불하고 정겨운 골목길은 대부분 사라져 버렸다. 사람들이 오가며 자연스럽게 만들어진 골목길은 수백 년 세월의 더께가 쌓여야 빛바랜 흑백사진처럼 멋스러움을 발휘하는 법이다. 파리와 베네치아의 좁은 골목길을 구경하려고 하루에도 수만 명의 관광객이 찾아가듯이 말이다.

경성의 신시가지, 용산과 영등포

이번에는 도심 바깥 지역을 빙 둘러본다. 도심 너머의 넓은 지역에 기와집과 초가집, 그리고 이층 한옥으로 된 상점들이 닥지닥지 붙어 있다. 그 사이로 서양식 건물이 드문드문 보이고, 일본식으로 지은 집들도 꽤 눈에 띈다.

　경성 사람들의 옷차림이 옛것과 새것, 동양풍과 서양풍이 퓨전으로 섞여 있었던 것처럼 거리의 풍경도 조선식과 서양식, 일본식이 한데 뒤죽박죽 뒤섞여 있다.

　서부 지역은 마포·용강·신촌·은평 방향이다. 주택과 공장이 구분 없이 늘어서 있다. 앗, 마포 한강변에 뭉게뭉게 흰 수증기를 뿜어내는 굴뚝이 보인다. 1930년에 세워진 당인리 화력 발전소이다. 당인리 화력 발전소는 무려 구십 년 가까운 시간 동안 쉼 없이 가동되다가, 점차 수명이 다해 2017

신작로가 들어선 1935년 노량진의 모습. 경성부청에서 운영하는 부영 버스가 영등포와 노량진 사이를 오갔다.

년에 마지막 5호기를 끝으로 멈추었다.

　동부 지역은 청량리, 왕십리, 한강리 쪽이다. 청량리와 왕십리는 주택 단지이다. 한강 근처의 한강리는 예나 지금이나 한강을 바라볼 수 있게 설계한 고급 주택 단지가 형성되어 있다.

　반면 용산은 1910년대에 일본 군대가 주둔하면서부터 발달한 지역이다. 원래 있던 조선인 거주지는 '구용산', 새로 생긴 일본인 시가지를 '신용산'으로 불렀다.

　한강 쪽을 바라다보니, 최초의 한강 다리인 한강 철교 옆으로 인도교가 우뚝 서 있다. 노량진과 용산을 잇는 한강 철교 위로 기차가 뿌우~, 기적 소리를 내며 달린다.

　한강 남쪽에는 영등포와 노량진 신시가지가 있다. 영등포에는 공장 건물들이 들어차 있는데, 이때부터 공업 지대로 발돋움하고 있었다. 경부선과 경인선이 나누어지는 지점인 데다가, 교통이 편리하고 공업용수를 구하기가 쉬워서 공업 지역으로는 최적의 조건을 갖춘 셈이다. 영등포가 공업 지대로 개발되면서, 옆의 노량진에는 주거 단지가 들어섰다.

　경성 시내 곳곳에서 토막집이 눈에 띈다. 주로 동쪽 외곽 지역에 몰려 있다. 토막은 청동기 시대 움집처럼 땅을 파서 기둥을 세운 다음, 그 위에 짚으로 엮은 거적을 덮어 간신히 비바람을 피하게 지은 빈민 주택이다.

　공중에서 본 경성은 조선의 한양보다 현대의 서울을 더 닮았다.

부풀린 '문명'과 계획된 '야만'
일제의 식민지 미화 정책

"일본의 한반도 식민 통치는 불가피했으며, 이 기간 중에 학교를 세우고 도로를
정비하는 등 좋은 일도 많이 했습니다."

-1995년 10월, 일본 총무청 장관 에토 다카미

한일 정상 회담을 앞둔 1995년 겨울, 일본의 에토 장관이 꺼낸 말 한마디가
한일 양국을 뜨겁게 달궜다. 여기서 시기를 팔십 년 앞으로 되돌려 보자.

1915년 9월, 경성에서 '시정 오 주년 기념 조선물산 공진회'가 열린다. '시정
오 주년'이란, 한마디로 일제가 조선을 식민지로 다스리기 시작한 지 오 년이 되
었다는 의미이다. 오 주년을 기념해서 오십 일 동안 열린 공진회는 전국 각지에
서 몰려온 백만 명이 넘는 입장객으로 북새통을 이루었다.

조선 총독부가 대대적인 광고를 하면서까지 공진회를 개최한 의도는 명확했
다. 일제의 발달한 산업과 과학, 의료 등 '문명'을 뽐내면서, 1910년 이전 조선의
모습을 '야만'으로 매도하려는 치밀한 계산이 깔려 있었던 것이다. 동시에 도로
와 철도를 개설하고, 신식 학교를 세우는 등 조선의 근대화에 큰 역할을 했다는
자화자찬도 잊지 않았다. 조선물산 공진회는 문명이 발달한 일제가 야만적인
조선을 식민 지배해야 한다는 당위성을 강조하는 정치적 행사였던 셈이다.

하지만 일제가 들여온 근대 문물과 제도는 일본인과 극소수 상류층의 조선인

들만이 누릴 수 있는 혜택이었고, 대부분의 사람들은 노동력을 강제로 착취당하며 빈곤한 삶을 떠안아야 하는 처지였다. 일제는 1929년과 1940년에 대규모 조선박람회를 연이어 열었고, 그 외에도 크고 작은 박람회 및 공진회를 170여 차례나 개최했다. 식민 통치를 정당화하고 미화하려는 시도를 일제 강점기 내내 계속해서 반복한 것이다.

한일 정상 회담을 앞두고 실언을 했던 에토 장관은 결국 장관직을 내놓아야 했지만, 장관 자리에서 쫓겨난 지 두어 달 만에 "한일 병합은 양국이 체결한 국제 조약이며, 식민 통치가 좋은 일을 했다는 건 실언이 아니다."라는 망언을 되풀이했다. 팔십 년이라는 시간 차이가 무색해지는 순간이었다.

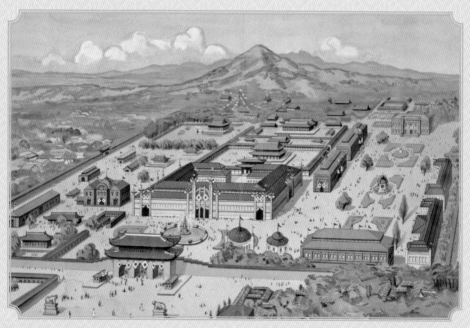

◆ 1915년 9월에 열린 조선물산 공진회 기념 포스터. 경복궁 내 전각들이 헐리고 새로운 건물들로 잔뜩 채워져 있다. 공진회가 끝난 뒤, 일제는 이 자리에 조선 총독부 건물을 본격적으로 짓기 시작했다. 그 결과, 고종 재위 기간에 5백여 동에 달하던 경복궁 내 건물들이 해방 직후 일곱 개 동 정도만 남아 있게 되었다.

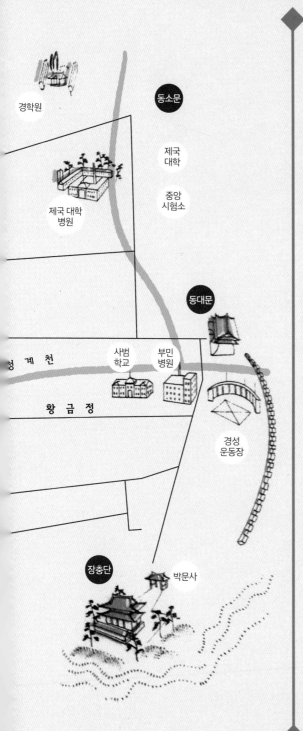

경학원

동소문

제국
대학

중앙
시험소

제국 대학
병원

동대문

성 계 천

사범
학교

부민
병원

황 금 정

경성
운동장

장충단

박문사

5

구보와 함께
경성을 거닐다

때 | 정오 무렵
장소 | 북촌 ⇨ 창경원 ⇨ 종로
⇨ 청계천변

아이가 돈가스를 손가락으로 가리킨다.
단란한 가족은 돈가스와 오믈렛,
카레를 골고루 주문한다.
두툼한 돈가스가 미소시루와
가늘게 채썬 양배추와 함께 나온다.
맛은 우리 시대와 크게 다르지 않다!

전차 정거장에서 만난 구보

복작이는 종로에서 전차를 기다리는 중이다. 전차를 기다리는 사람들이 전찻길 가운데 안전지대에 서서 웅성거린다. 평지에서 한 단을 높인 안전지대가 전차 정류장이다.

소설가 구보 박태원의 사진. 옷이나 머리 모양이 지금과 크게 다르지 않아 보인다.

그때 화신백화점을 막 빠져나와 지팡이를 회회 저으며 어슬렁어슬렁 걸어오는 이가 눈에 띈다.

'우아, 구보 박태원이다!'

《소설가 구보씨의 일일》과 《천변풍경》을 쓴 소설가 박태원! 구보를 단박에 알아본 건 사진에서 본 적 있는 그의 독특한 머리 모양 덕분이다.

1930년대 신식 남성들은 '하이칼라' 머리 모양을 했다. 머리를 짧게 깎아 양쪽으로 갈라 붙이고는, 윤이 반짝반짝 나게 기름을 바르고 다녔다. 일제 강점기를 배경으로 한 드라마나 영화에서 남자 배우들이 흔히 하고 나오는 머리 모양이다.

당시 모던 보이들의 옷차림을 그린 풍자만화. 여기에 지팡이까지 들면 완벽하게 모던 보이로 변신한다.

구보는 색다르게 일본에서 유행한 '갑빠'라는 머리 모양을 하고 있다. 요즘으로 치면 뱅 스타일과 비슷하다. 앞머리를 가지런히 빗어 내린 다음, 일직선으로 짧게 자른 모양이라고나 할까.

구보는 머리 모양이 독특한 데다가, 옷차림까지 튄다. 남성들이 외출할 때 꼭 챙기는 모자도 쓰지 않고서 빨간색 넥타이를 매고, 멋쟁이들이나 쓴다는 동그란 대모테(거북의 일종인 대모의 딱딱한 등판을 가공하여 만든 안경테) 안경을 걸쳤다.

《소설가 구보씨의 일일》을 보면, 주인공 구보씨가 종로 네거리에서 전차를 타고 종묘, 창경원 앞 대학 병원, 경성운동장, 훈련원, 약초정, 본정을 지나 조선은행 앞에서 내린다. 그 길을 찬찬히 따라가 보고 싶지만, 일정상 본정은 오후에나 들를 예정이다.

구보에게 다가가 경성에 처음 온 여행자라고 소개한 뒤, 북촌을 안내해 줄 수 있느냐고 부탁해 본다. 친절하게도 구보가 선뜻 응한다. 잠시 생각하

경성 사람들의 발 역할을 한 전차. 생각보다 속도가 느려서 운행 중에 뛰어서 올라탈 수 있을 정도였다고 한다.

던 구보는 전차가 가는 방향을 바라보더니 대뜸 이렇게 묻는다.

"창경원에 가 볼까요?"

예전에는 궁궐이었지만 이제는 놀이공원으로 변했다는 창경원에 호기심이 생겨 고개를 끄덕인다. 전차를 기다리는 동안, 구보의 얼굴을 물끄러미 바라본다.

원래 구보는 경성의학전문학교에서 해부학을 담당하던 일본인 교수의 이름이다. 어느 날, 해부학 교실에서 실험용 해골 하나가 없어지는 사건이 발생한다. 구보 교수는 무턱대고 조선인 학생 짓이라고 우기며 "조선인은 해부학 대상"이라는 망언을 한다. 이에 항의하는 뜻으로 조선인 학생들은 동맹 휴학을 벌이게 된다.

보통학교 시절, 구보는 종종 학교에 약을 가져가 친구들 사이에서 인기를 끌었다. 그때, 누군가 일본인 교수의 이름에 빗대어 '어이, 구보 박사!'

라고 놀린 것이 그대로 별명이 되었다. 구보는 이 별명을 싫어하지 않았다. 오히려 경성고보에 입학했을 때는 스스로 자기 별명을 '구보'라고 소개할 정도였다고 한다. 이후로 사람들은 박태원을 구보라고 부르기 시작했다.

그사이에 전차가 와서 차례로 올라탄다. 숨이 막힐 정도로 사람들이 꽉꽉 찬 만원 전차이다.

"표 찍읍쇼."

차장이 앞으로 다가오며 말을 건넨다. 가슴이 덜컥 내려앉는다. 후유, 불안한 표정을 눈치챘는지 구보가 전차 삯 5전을 대신 내민다. 동대문행 전차를 타고 가다가 종로 4가에서 창경원 가는 전차로 갈아타면 되는 모양이다. 서울 지하철과 별반 달라 보이지 않는다. 구보가 벚꽃놀이 철에는 서대문이나 용산에서 창경원으로 바로 가는 특별 전차가 운행된다고 넌지시 알려 준다.

"창경원에 내리실 분 앞으로 나오세요."

차장이 일본어와 우리말로 안내를 한다. 창경원에 놀러 가는 인파가 우르르 쏟아져 내린다.

벚꽃이 활짝 핀 창경원

전차에서 내리자마자 홍화문 앞이다. 홍화문은 창경궁의 정문이다. 오른쪽에 있는 매표소에 줄이 길게 늘어서 있다. 따가운 봄볕에 목덜미를 그을리며 한참을 기다려 표를 산다. 우리에게 푼돈조차 없다는 걸 눈치챈 구보가 지폐 몇 장을 주머니에 쑤셔 넣어 준다.

'고마워요, 구보 선생님!'

마음속으로 인사를 건네며 홍화문 안으로 들어서자 온통 벚꽃 세상이다. 눈부시게 핀 연분홍 벚꽃 길을 따라 봄을 즐기러 온 사람들로 북적거린다. 벚꽃놀이를 하러 온 인파가 삼삼오오 무리를 지어 물결치듯 일렁인다. 벚꽃이 아니라 사람 구경을 하러 온 것 같다.

딸깍딸깍, 게다 끄는 소리가 여기저기서 들린다. 조선인들 사이에서 기모노를 입은 일본인들이 제법 많이 눈에 띈다. 양산을 손에 든 모던 걸과 지팡이를 짚은 모던 보이들도 꽤 많다. 봄이 무르익으면 청춘 남녀들의 마음도 들뜨게 마련인가 보다.

홍화문의 왼쪽 담벼락을 따라 너구리 우리가 보인다. 남쪽은 동물원이다. 안내판을 보니 호랑이, 표범, 사자, 코끼리, 캥거루, 타조, 곰……, 현대의 동물원 못지않게 자못 구색을 갖추고 있다.

가장 인기가 많은 동물은 역시 코끼리, 호랑이, 사자이다. 맹수 우리 앞에 어린아이와 부모들이 잔뜩 몰려 있다. 아이들이 까르르 웃는 소리, 졸려서 칭얼대는 소리, 아이 이름을 부르는 어미 목소리……. 도떼기시장에 온 것처럼 시끌벅적하다.

홍화문에서 정면을 바라보면 명정문이 서 있다. 흐드러지게 핀 벚꽃 사이로 명정전의 기와지붕이 언뜻번뜻 스친다. 명정전 앞으로 걸어가다가 아연실색하고 만다. 세상에, 명정전 앞이 꽃밭으로 변했다!

명정전은 창경궁의 정전이다. 나라의 큰 행사를 치르는 곳으로, 문무 양반의 품계석이 배열된 곳! 그런데 그 명정전 일대의 스무여 채 남짓한 전각들이 아예 허물어져 사라졌거나 박물관으로 바뀌어 본래의 모습을 잃어

1937년 무렵, 벚꽃놀이를 즐기려는 인파가 창경원으로 몰려들고 있다.

버렸다.

언짢은 기분을 달래며 명경전 북쪽에 있는 후원인 춘당지 쪽으로 슬슬 119

1. 창경원의 춘당지와 수정궁. 뒤에 보이는 거대한 건물이 대온실이다.
2. 창경원 동물원을 구경하는 사람들.

걸어가 본다. 앗, 저 수상한 건물은 뭐지? 낭창낭창 가지를 늘어뜨린 버드나무가 서 있는 춘당지 옆에 일본식으로 지은 수정궁이 떡하니 자리 잡고 있다. 춘당지에서 청춘 남녀들이 짝을 이루어 한가로이 뱃놀이를 하며 데이트를 즐긴다. 일제가 춘당지 아래에 큰 연못을 파서 뱃놀이 장소로 만들어 버린 것이다.

춘당지 뒤쪽에는 대온실이 있다. 일제가 최초의 서양식 식물원이라고 떠벌리며 선전하던 곳이다. 주변 경치와 전혀 어울리지 않는다. 1909년에 순종 황제가 참석한 가운데 동·식물원 개장식이 창경궁에서 열렸다. 그러고 나서 한일 병합이 되었고, 이듬해 창경궁에서 창경원으로 격하되었다. 일본의 상징인 벚나무 수천 그루를 들여와 마구잡이로 심어 놓고선 궁궐을 놀이공원으로 만든 것이다.

4월 초부터는 벚꽃놀이가 시작되어 밤에도 개방을 한다. 창경원 곳곳에 울긋불긋 색등이 켜지고 야외 공개 무대까지 설치해서 웃고 떠들고 춤추며 즐긴단다. 창경원의 벚꽃놀이가 봄날의 큰 행사로 자리 잡은 모양이다. 경성 사람들은 물론, 지방에서도 관광차 놀러 와 벚꽃놀이 기간 내내 북새통을 이룬다나.

우리는 종묘 쪽으로 걷다가 창경궁과 종묘를 잇는 구름다리에 멈춰 선다. 그 아래로 자동차와 경성부청에서 운영하는 부영 버스들이 씽씽 지나간다. 종묘 관통 도로, 지금의 율곡로이다.

조선 왕조에서 동궐인 창경궁과 창덕궁, 그리고 종묘는 하나의 공간이었다. 종묘는 조선 역대 왕과 왕비의 신주를 모신 사당이다. 한양을 도읍지로 정했을 때 궁궐보다도 먼저 지은 건물이다. 역대 임금들은 종묘에서 제례를 지내면서 작게는 왕실의 효를, 크게는 나라에 대한 충을 다짐했다. 살아 생전에 순종은 힘이 없는 처지임에도 일제가 종묘를 건드리려 할 때는 강력하게 반발했다고 한다.

일제는 순종이 죽자마자 종묘 관통 도로 건설에 착수했다. 조선 왕실의 사당인 종묘를 공원화하려는 속셈을 대놓고 드러낸 것이다. 그렇게 광화문에서 안국동을 거쳐 돈화문을 지나 종묘를 관통하는 도로를 건설함으로써 창덕궁과 창경궁, 종묘를 강제로 분리시켰다. 구십 여 년이 흐른 2022년 7월에서야 율곡로를 지하로 뚫고 그 위에 녹지를 만들어 창경궁과 종묘가 다시 연결되었다.

뚜우~!

정오를 알리는 날카로운 사이렌 소리가 허공을 찢는다.

단성사의 무성 영화

에구머니나, 벚꽃놀이 인파 속에서 구보를 놓치고 말았다.

'구보 선생님이 청계천변에 산다고 하니, 그쪽으로 가면 만날 수 있지 않을까?'

한껏 기운이 빠진 채, 돈화문통에서 종로로 터덜터덜 걷다 보니 저만치 앞에 단성사가 보인다. 단성사야 2001년까지도 영화를 상영하던 극장이라 크게 신기할 건 없다. 그런데 단성사에서 뿌린 전단지를 읽으니 갑자기 구미가 확 당긴다.

와, '무성 영화'에 '일류 변사'라니! 전단지에는 단성사 소속의 일류 변사

사진이 대문짝만하게 실려 있다. 단성사에서 상영하는 영화가 무성 영화라는 사실에 바짝 호기심이 생긴다. 무성 영화는 인물의 대사나 음향 없이 영상만 나오는 영화이다. 대표적인 작품으로 1936년에 찰리 채플린이 제작·출연한 영화 〈모던 타임즈〉를 꼽을 수 있다.

이 시절에는 영화관을 활동사진관이라고 불렀다. 활동사진관에서 무성 영화를 상영할 때면 악사들의 연주와 변사의 해설을 곁들인다. 변사는 스크린 옆 무대에 올라 배우들의 목소리를 구성지게 연기하고, 영화의 줄거리를 생생하게 요약해 주는 역할을 한다. 변사마다 각자 잘하는 분야가 있다. 누구는 활극, 누구는 애정극, 누구는 사극에 능하다.

단성사 앞을 알짱거리다가 안내인에게 물어보니 벌써 표가 다 매진되었단다. 막 정오를 넘긴 시각인데! 안내인에게 사정사정해서 단성사 안을 잠깐 구경하는 걸 허락받는다.

깜깜한 영화관 안으로 들어가자 한 치 앞도 분간이 되지 않는다. 차츰 물체들이 식별이 되어 주위를 둘러보니 일 층과 이 층은 객석이고 삼 층은 영사실이다. 초창기 영화관에는 남녀 좌석이 나누어져 있었다고 하던데, 여기는 그렇지 않은가 보다.

이층 발코니에서는 소규모 전속 악단이 자리를 잡고 쿵작쿵작 신나게 연주를 하고 있다. 스크린 옆 무대에서는 인

단성사에서 판매하던 입장권.

123

기 변사가 한창 주연 배우 목소리를 흉내 내며 관객을 울고 웃긴다. 관객들은 변사의 목소리 연기에 박수를 치고 소리를 지르며 발을 구른다.

활동사진 상설관으로 가장 먼저 문을 연 곳은 경성고등연예관(1910)이다. 그 뒤 북촌에 조선인 극장으로 우미관과 단성사, 조선극장이 차례로 문을 열었다.

단성사는 판소리와 창극을 공연하던 극장이었는데, 1918년부터 활동사진 전용관이 되었다. 1919년 10월 27일, 한국 최초의 영화 〈의리적 구토〉가 단성사에서 상연되었다. 이날은 훗날 '영화의 날'로 지정된다. 1926년 10월 1일에는 변사도 울고 관객도 울었다는 나운규 감독의 〈아리랑〉이 개봉했다. 하지만 일제 강점기에 만든 조선 영화는 드물었고, 활동사진관에서는 주로 할리우드 영화를 보여 주었다.

안내 방송이 나온다. 영화가 끝난 뒤 '막간 흥행'이 벌어진단다. 영화를 보러 오면 장편 영화와 단편 영화, 뉴스를 틀어 주는데, 영화와 영화 사이의 빈 시간에 악단의 공연이나 쇼를 보여 주는 것이다. 또 다른 변사가 등장해 악단의 경쾌한 연주에 맞춰 우스갯소리를 던지며 막춤을 추기 시작한다. 관객들의 자지러지는 듯한 웃음소리를 뒤로하고 단성사를 살며시 빠져나온다.

전신주가 늘어선 종로 풍경

단성사에서 작은 길을 건너자 양복점이 나온다. 양복점 모퉁이를 돌아 종로로 접어든다. 아까는 만원 전차를 타고 지나느라 종로를 제대로 살피지 못했다.

　넓은 종로 가운데로 전찻길이 나 있다. 길 양쪽으로 키 큰 전신주가 쭉 늘어서 있는 모습이 고압적인 인상을 준다. 차도와 인도가 구분되어 있긴 하지만, 놀랍게도 차도가 아직 비포장이다. 어라, 인도에 가로등도 보이지 않는다. 도시 한복판에 가로등이 없다니! 이래서 일제 강점기에 종로의 밤 거리가 어두침침하다고들 했나 보다. 가로등은 1935년에야 설치되었다고 한다.

　종로에는 나지막한 상점 건물들이 많다. 종로를 꽉 채운 시전 행랑, 사 람과 물화가 구름처럼 흩어졌다 모인다고 해서 운종가라고 불리던 거리는 사라졌다. 그 자리에는 이층 한옥 상가들이 빼곡하게 들어서 있다. 이층 한 옥 상가들은 대부분 일층 벽은 벽돌로 쌓은 다음, 그 위에 한식 기와지붕을

전신주가 늘어서 있는 1920년대 종로 풍경. 왼쪽 시계 탑이 있는 건물이 한성전기회사이고, 그 옆의 벽돌 건물 이 기독교 청년회(YMCA)이다.

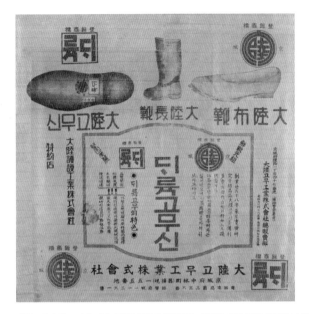

대륙고무신 광고 전단(왼쪽)과 구두 모양을 알려 주는 책자(오른쪽). 당시 구멍이 난 고무신을 때워 주는 직업이 따로 있을 정도로 고무신이 유행했다. 하지만 그때도 멋쟁이들은 구두를 신었다. 종로 1정목과 2정목 사이에 있던 한경성양화점의 구두 안내 책자를 보면, 1930년대 초에 유행한 구두 모양을 구경할 수 있다.

없었다. 한식과 양식이 섞인 건물들인 셈이다. 우리 시대에 현대건설 사옥이 있는 종로구 계동길에 가면 볼 수 있는 건물이다. 이층으로 나 있는 베란다가 눈길을 끈다. 이층 한옥에 베란다라니! 꽤나 이국적인 풍경이다.

　대한 제국 시절, 종로는 근대 도시에 걸맞게 새 단장을 했다. 도로 폭을 넓히고 전찻길을 만들었다. 옛 원각사 터는 파고다 공원이 되었다. 붉은 벽돌의 기독교 청년회(YMCA) 건물과 시계탑이 있는 한성전기회사 건물도 세웠다.

　일제 강점기가 되면서 북촌의 상징인 종로는 쇠퇴의 길로 접어들었다. 그러다가 1926년에 조선 총독부가 광화문통에 자리 잡은 뒤 조금씩 바뀌었다. 1930년대에 들어서면서 은행과 회사 같은 삼사 층짜리 근대적 건물들이 세워지고 조선인이 운영하는 백화점이 문을 열었다.

전찻길 옆으로 자동차와 부영 버스, 소달구지가 아무렇지도 않게 나란히 지나간다. 거리를 걷는 사람들은 대부분 흰옷을 입은 조선인들이다. 흰 두루마기를 입은 채 파나마모자를 쓰고 있다.

슬슬 북촌의 명물 화신백화점 쪽으로 걸어가 본다. "화신에 갔다 왔느냐?"라는 말이 나돌 정도로 시골 사람들이 경성에 오면 꼭 들르는 명소였다고 하니, 잠깐이라도 화신백화점을 구경하고픈 마음이 굴뚝같다.

파고다 공원 앞을 막 지나는데, 순사들이 지나가는 사람들을 일일이 검문하듯 눈을 번뜩인다. 기미년 3·1 운동 때 학생들이 파고다 공원에 모여 독립 선언서를 낭독하고 거리 행진에 나선 일과 연관이 있을 터이다.

"신 기리오? 신 기리오?"

종로를 걷다 보니 빈 석유 궤짝에 끈을 달아 어깨에 메고 돌아다니는 신기료 장수가 자주 보인다. 신발을 수선하는 사람들인데, '신 기리오?'라는 말에서 '신기료 장수'라는 말이 나왔다고 한다.

잠시 발길을 멈추고, 신기료 장수들이 길가에 쪼그리고 앉아 구두 수선하는 모습을 지켜본다. 빈 석유통에서 쇠로 된 구두 틀과 작은 망치, 칼, 송곳, 바늘 같은 수선 도구들을 꺼내 구두 굽을 갈고 해진 부분을 수선한다.

질기고 싼 고무신이 크게 유행을 하면서 조선의 갓신이 팔리지 않게 되었다. 갓신을 고치던 이가 신기료 장수가 되기도 하고, 불경기에 서양에서 수입한 구두가 잘 팔리지 않자 구둣방에서 일하던 직공이 신기료 장수가 되기도 했다.

종로양복점과 화신백화점

오늘날의 종로2가에 해당하는 종로 2정목에 오니, 눈에 띄게 양복점과 옷감 가게가 많다. 조선인 상점들이 주력하는 업종이 양복점과 옷감 가게라서 그런가 보다.

鐘路洋服店

앗, 한자로 된 '종로양복점' 간판이다! 종로양복점은 1916년에 문을 연 뒤 현재까지 삼 대째 대를 이어 운영하고 있다는 신문 기사를 본 적이 있다. 넓은 유리창 안쪽으로 양복을 입은 마네킹이 줄지어 서 있다. 때마침 짧은 콧수염을 기르고 검정 양복바지에 흰 와이셔츠를 입은 주인장이 바람을 쐬러 밖으로 나온다.

종로양복점은 일본인이 운영하는 양복점들 사이에서 치열하게 경쟁하며 간신히 살아남았다고 한다. 열악한 환경 속에서도 꺾이지 않고 꿋꿋이 살아남은 조선인에게 마음속으로 큰 박수를 보낸다.

화신백화점으로 가기 위해 길을 건넌다. 1931년, 젊은 실업가 박흥식이 화신상회를 사들여 삼 층 콘크리트 건물로 증축한 뒤 1932년 백화점으로 탈바꿈했다. 같은 해 7월, 화신상회 옆에 있던 동아백화점을 인수하여 본래 화신 건물을 서관(삼 층), 동아백화점 건물을 동관(사 층)이라 부르며 두 개의 건물로 이루어진 초대형 백화점을 세웠다. 동관과 서관은 구름다리로 연결되었다. 1935년에는 화재로 두 건물이 불탔지만, 1937년 육 층짜리 신관을 완성해 조선 최대 백화점이 되었다. 유일하게 조선인이 종로에 세운

◆ 종로양복점의 모습(1916).　　　　　　　　　　　　◆ 종로네거리 화신백화점 건물의 모습. 지금 봐도 거대한 규모이다.

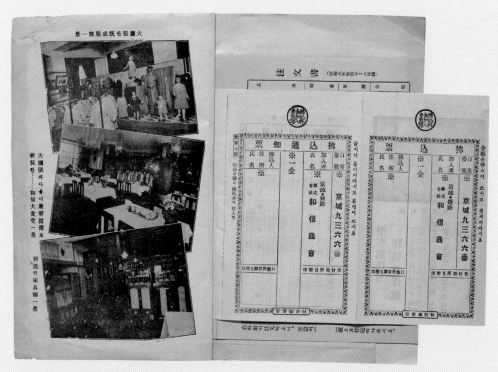

◆ 화신백화점 안내 책자의 내지. 위에서부터 기성복 매장과 식당, 클럽의 모습이다. 오른쪽은 화신백화점의 주문서
　이다.

백화점이라서 그런지 인기가 높았다.

열 살도 채 안 되어 보이는 아이들이 화신백화점으로 들어가려는 사람들에게 찰거머리처럼 달라붙는다. 가난한 소년 행상들이다. 아이 손을 잡은 젊은 부부가 다가오자, 과자와 캐러멜을 사 달라며 무턱대고 조른다. 백화점에서 수위가 나와 고함을 지르며 아이들을 쫓아내 버린다.

화신백화점 동관 일 층에는 승강기가 설치되어 있다. 승강기 앞에 사람들이 빼곡하게 모여서 웅성거린다. 사 층밖에 되지 않는 건물이라서 계단을 이용해도 큰 힘이 들지 않지만, 하나같이 승강기 타는 걸 더 좋아한다. 사람들 틈에 끼어 승강기에 올라타 본다. 승강기 안에는 두 손을 맞잡은 에레베타 걸이 공손하게 인사를 하며 버튼을 조작한다.

아까 마주친 가족이 사 층 식당가에서 내린다. 가족끼리 단란하게 외식을 하러 온 모양이다. 이 시대에 백화점 식당을 이용할 수 있는 사람들은 '하루하루를 평온무사하게 보낼 수 있는 사람'일 것이다. 내부를 휘휘 둘러보니 백화점 식당가 풍경이 우리 시대와 거의 똑같다.

식당가에는 조선 요리 식당, 양식당, 일식당이 두루 있다. 이 가족은 아이가 좋아하는 양식당으로 향한다. 양식이라고 해도 돈가스, 오믈렛, 카레라이스 같은 일본식 서양 음식이다. 식당 입구 유리 진열장 안에 음식 모형이 전시되어 있다. 아이가 돈가스를 손가락으로 가리킨다. 단란한 가족은 돈가스와 오믈렛, 카레를 골고루 주문한다.

꼬르륵 꼬르륵.

그들을 따라서 돈가스를 시킨다. 두툼한 돈가스가 미소시루와 가늘게 채 썬 양배추와 함께 나온다. 맛은 우리 시대와 크게 다르지 않다!

사 층 식당가는 유리창으로 되어 있어서 전망이 좋다. 창가로 슬그머니 다가서자, 종로가 훤히 내려다보인다. 앗, 무심코 거리를 살피다가 구보를 발견한다. 허겁지겁 계단을 뛰어 내려간다.

천 변 풍 경

"구보 선생님! 구보 선생님!"

구보는 지팡이를 가볍게 휘두르며 청계천 쪽으로 걷고 있다. 다급히 이름을 불러 댔지만 미처 듣지 못한 모양이다. 구보를 따라 빠른 걸음으로 청계천변에 접어든다. 청계천 빨래터에 이르러서야 간신히 그를 따라잡는다. 구보가 걸음을 멈추었기 때문이다.

청계천의 둑에 비스듬히 걸쳐 놓은 나무 사다리를 타고 아낙네들이 오

1930년대 경성을 재현한 모형. 소설가 구보 박태원이 1936년에 발표한 소설《천변풍경》에 묘사된 장면들이다. 천변의 빨래터에 사다리가 걸려 있는 모습이 신기해 보인다.

르락내리락한다. 한 손에 빨래 광주리를 들고서 사다리를 오르내리는 모습이 서커스 단원 뺨치게 아슬아슬하다.

빨래터 한쪽엔 무쇠솥이 걸려 있다. 빨래 삶을 때 쓰는 솥인데, 어찌나 큰지 일본인들이 몸을 담그는 목욕솥만 하다. 솥에다 광목으로 된 천을 구겨 넣고, 그 위에 양잿물을 뿌린 뒤 불을 지펴서 푹푹 삶는다. 빨래터 주인이 장작 몇 개비를 더 넣어 화력을 세게 높인다.

펄럭펄럭.

빨랫줄에 널린 옷가지와 이불 홑청이 바람결에 나부낀다. 한 아낙네가 빨랫돌에다 이불잇을 놓고 치덕치덕 비누칠을 한다. 손으로 몇 번 주무르는가 싶더니 방망이를 들어 탕탕 내려친다. 다른 아낙네는 빨래한 속옷을 물에 넣어 여러 번 헹군다. 샘물이어서 그런지 물이 맑고 깨끗하다. 이 빨래터를 이용하려면 돈을 내야 한다.

박태원의 소설 《천변풍경》에 나오는 '평화카페'의 내부를 재현한 모형. 기모노를 입은 여종업원이 손님을 접대하고 있다.

아낙네들은 손으로는 빨래를 하면서 쉴 새 없이 입을 놀린다. 무심한 남편 흉, 무서운 시어머니 흉, 사사로운 동네 이웃들 소식까지. 저렇게 수다로 꽃을 피우면서 잠시 삶의 쓰라림을 잊는 것이리라.

깔깔. 아낙네들의 웃음소리가 드높다.

이때였다. 갑자기 아랫배가 살살 아프다.

'큰일났네. 공중 화장실이 어디 있지?'

이마 위로 진땀이 송골송골 맺힌다. 참다 못해 한 아낙네에게 도움을 청하니, 땔감을 사고팔던 장터인 나무장의 공중변소로 데려다준다. 변소 바닥에는 커다란 독이 묻혀 있다. 그 독 위로 널빤지 두 짝이 아슬아슬하게 걸쳐져 있는데, 그 아래로는 이미 똥오줌이 절반 이상 차 있다. 바지를 내리고 쭈그리고 앉아 똥물이 튀지 않도록 주의하면서 조심스럽게 볼일을 본다.

한양구락부에서 유흥을 즐기는 사람들의 모형.

이건 일본식 변소이다. 조선식 변소는 그냥 흙바닥이다. 오줌이 땅에 스며들고 나면 똥은 그 자리에 그대로 남는다. 경성부에서는 일본식으로 땅에다 똥독이나 나무 궤짝을 묻고 거기에 볼일을 보도록 지시하고 감독했다. 똥독이 차면 긴 자루가 달린 똥바가지로 퍼낸다.

경성부에서는 열흘에 한 번 정도 독 안의 똥오줌을 수거하는데, 이마저도 조선인과 일본인을 차별했다. 남촌에는 똥차가 규칙적으로 가지만, 북촌에는 불규칙하게 오간다. 북촌의 공중변소는 똥독을 자주 비우지 않아 똥물이 넘쳐흐를 때가 많다.

우리는 구보와 함께 천변을 천천히 걷는다. 천변을 따라 한약방, 이발소, 평화카페, 신전(신발 가게), 종로은방, 한양구락부('클럽'의 일본식 발음)가 늘어서 있다. 구보가 간판 옆에서 빙글빙글 돌아가는 이발소 삼색등 앞에서 걸음을 멈춘다.

1930년대 이발소 내부의 모습을 묘사한 모형.

왜 하필 삼색등일까? 이발소 삼색등은 18세기 전까지 서양에서 이발사가 외과 의사를 겸했던 시대의 흔적이라고 한다. 청색은 정맥, 홍색은 동맥, 백색은 붕대를 뜻한다. 1540년에 프랑스의 이발사 겸 외과 의사가 사람들의 눈에 띄기 쉽게 문 앞에 삼색등을 내걸었던 게 시초란다.

이발소는 양쪽에 유리창이 나 있는 데다, 가운데 두 짝 여닫이도 유리문이어서 안이 훤히 들여다보인다. 이발 의자 두 개가 나란히 놓여 있다. 검정색 가죽 의자인데, 뒤쪽에 이발사가 발로 높낮이를 조절할 수 있는 장치가 있다. 이발소의 창가 쪽에는 타일로 된 입식 세면대가 있다. 그 세면대 옆에 난로를 피워 커다란 통에 물을 끓이고 있다. 손님들이 머리 감을 때 쓸 수 있도록 물을 미리 데워 놓는 것이다.

젊은 이발사가 거울 앞 서랍에서 가위를 꺼낼 때 지켜보니, 쓰임새가 저마다 다른 가위 여섯 개가 가지런히 놓여 있다. 이발사가 말가죽에 가윗날

1920년대에 문을 연 성우 이용원의 모습. 오래된 간판과 삼색등이 눈에 띈다. 지금은 새롭게 단장하여 외관이 달라졌다.

과 칼날을 싹싹 갈더니, 둥근 솔에 감자 전분을 듬뿍 묻혀 손님 머리에 쓱쓱 바른다. 그러고 나서 가위질을 시작하는데 손놀림이 빠르면서도 정확하다. 이발사가 가위질하는 모습을 한참 동안 구경해도 지루하지가 않다.

그사이 이발소의 사환이 부지런히 몸을 움직여 유리창을 닦고, 손님이 벗어 놓은 구두를 가지런히 정리하고, 바닥에 떨어진 머리카락도 치운다. 사환은 이발소에서 잔심부름하는 아이다.

"피죤 담배 한 갑 사 와라!"

이발사가 이발을 마치고 한숨 돌리는데, 손님이 사환에게 담배 심부름을 시킨다. 사환은 얼른 돈을 받아 들고 밖으로 뛰어가더니, 금세 돌아와 손님에게 담배와 잔돈을 건넨다.

이발을 마친 손님의 머리를 감겨 주는 일은 사환의 몫이다. 의자에 앉은 손님의 머리를 정성스레 감긴 뒤 수건으로 탈탈 털어 말린다. 열 살이 조금 넘었을까? 사환은 잔심부름을 하면서도 기쁜 낯빛이다. 어깨너머로 일을 배워 이발사가 되려는 꿈을 꾸고 있을 것이다.

경성의 코제트, 노마

천변 쪽으로 몸을 돌리는데, 빨래터 사다리에서 깍쟁이 패거리의 우두머리가 불쑥 올라온다. 그는 구렁이, 살모사, 두꺼비를 잡아 파는 땅꾼이다. 두 손에는 독사한테 물린 흉터가 가득하다. 이 우두머리는 거지 아이들이 동냥질해서 얻어 온 돈에서 얼마씩을 받아먹고 산다.

구보가 곁눈질을 하더니 못마땅한 얼굴로 혀를 끌끌 찬다.

"요즘 어린 깍쟁이들이 어찌나 감때사나운지! 까마귀 같은 손으로 종로에서 만나는 신사 숙녀의 옷을 움켜잡곤 돈을 내놓으라며 아예 윽박을 지른다네."

구보가 지청구를 놓자, 깍쟁이 패거리의 우두머리는 머리를 긁적인다. 저 멀리서 넝마주이 소년이 남의 집 문간 옆에 있는 쓰레기통을 뒤지는 모습이 보인다. 십 대 후반이나 됐을까? 스무 살 너머로는 보이지 않는 앳된 얼굴이다. 계동 저택 두쥐네 둘째 아들과 비슷한 나이인 듯하다.

넝마주이는 등에 큰 광주리를 짊어지고 거리를 쏘다니다가 쓰레기통이 보이면 갈고리로 쓰레기를 마구 헤집는다. 쓰레기에서 쓸 만한 게 나오면 갈고리로 집어내어 모아 두었다가, 광주리가 꽉 차면 고물상에 가져간다. 우리 시대로 치면 쓰레기통에서 재활용 물건을 찾아서 내다 파는 것이다. 저 넝마주이 소년은 무거운 광주리를 걸머진 채 종일 거리를 쏘다니면서 얼마나 모아야 하루 밥값을 벌 수 있을까?

가볍게 한숨을 쉬며 천변을 내려다보는데, 아깐 보이지 않던 토막집이 다시 눈에 띈다. 사다리를 타고 내려가 토막집 가까이로 가 보니, 거적 사이로 불빛이 새어 나온다. 안을 살짝 들여다보니, 세간이라곤 옷을 담는 석유 궤짝, 물동이, 선반 위의 그릇, 어둠을 밝히는 양초가 전부다. 바닥에 깐 이부자리에서는 악취가 진동한다.

경성은 1920년 이래로 인구수에 비해 집이 터무니없게 모자랐다. 지방에 살던 농민들이 일자리를 찾아 경성으로 몰리면서 집세도 천정부지로 올랐다. 집을 구하지 못한 이들은 이렇게 경성 변두리나 청계천에 토막집을 짓고 살았다.

1930년대에 경성부에서 토막민들을 아현리, 돈암리, 홍제리로 집단 이주시켰지만 큰 효과는 없었다. 남자들은 지게꾼, 인력거꾼, 막노동을 하고, 여자들은 식모살이나 고무 공장, 간장 공장에서 일하며 생계를 꾸려 나갔다. 일터에서 멀리 떨어진 곳에서는 살 수 없는 형편인지라, 쫓겨나도 시내로 또 들어와 토막집을 짓곤 하는 것이다. 1934년에는 토막집 2,902호에 14,179명이 살았다고 한다.

빈민가에서 쉽게 찾아볼 수 있던 토막집. 이렇게 좁은 공간에 대가족이 거주하기도 한다.

토막집 아이들 사이에서 노마라는 아이가 놀림을 받고 있다. 예닐곱 살쯤 되어 보이는데, 깡마른 체격에 눈이 퀭하다. 오랫동안 헐벗고 굶주린 듯하다. 놀리는 아이들 얘기로 추측해 보면, 노마는 아빠 없이 엄마와 단둘이 살았는데 작년에 엄마마저 병에 걸려 돌아가신 뒤 혼자 지내는 모양이다. 철없는 아이들이 짓궂게 놀려 대자, 겁먹은 노마의 눈에 눈물이 그렁그렁 고인다.

문득 노마의 모습에 코제트가 겹쳐 보인다. 빅토르 위고의 소설 《레 미제라블》에서 여인숙 주인 부부 테나르디에한테 학대받던 코제트……. 경성의 노마를 구해 줄 장 발장은 과연 어디에 있을까?

제비다방의 이상한 이상

갑자기 구보가 갈 곳이 있다며 앞장을 선다. 화신백화점을 지나 종로 1정목으로 향한다. 십여 채의 건물을 지났을까? 포장도로가 끝나는 길에서 구보가 발걸음을 멈춘다. 고개를 들어 간판을 살핀다.

제비다방

오호! 단편 소설 〈날개〉를 쓴 천재 작가 이상이 차린, 그 유명한 제비다방이다. 갑자기 심장이 쿵쾅거리고 호흡이 가빠져서 어지럽다. 일제 강점기 최고의 모더니스트 이상을 만날 수 있을지도 모른다는 기대감에 마음이 한껏 부푼다.

다방은 이 층 건물의 일 층에 자리잡고 있는데, 앞면이 유리로 되어 있다. 척 봐도 모던한 건물이다. 구보가 제비다방의 문을 열고 먼저 들어간다. 두리번두리번.

세련된 건물의 겉모습과 달리 다방 안은 별다른 장식이 없이 수수하다. 벽에 이상의 자화상이 걸려 있다. 1931년, 일제 강점기에 개최된 미술 공모전인 '조선 미술 전람회'에서 입상했다는 그림이다.

창가 자리에 죽치고 앉아 지나가는 사람들의 옷차림이며 걸음걸이를 멀거니 구경하는 손님이 몇몇 있을 뿐 다방 안은 한가롭다. 한쪽 구석에서 친구들과 이야기를 나누고 있던 이상이 구보를 보고 손을 번쩍 들어 알은체한다.

'아, 이상이다!'

이상은 삐쩍 마른 몸매에 얼굴이 갸름한데, 텁수룩한 머리가 이쪽저쪽으로 뻗쳐 있다. 턱수염은 아무렇게나 자란 잡초 같다. 짐작한 대로 예민한 기질을 지닌 청년 예술가처럼 보인다. 양복바지에 멜빵을 매고 배꼽 위까지 오는 짧은 넥타이를 맸다.

이상의 본명은 김해경. 경성고등공업학교 건축학과를 졸업한 수재이면서 천재적인 시인이자 소설가이다. 이상은 필명이다. 신명소학교 동창이자 절친한 친구인 구본웅이, 경성고등공업학교 건축과에 입학한 이상에게 오얏나무로 만든 화구 상자를 선물하면서 '이상(오얏나무로 만든 상자)'이라는 필명을 쓰게 되었다는 소문이 있다.

이상과 같이 앉아 있는 친구 중에 구본웅의 얼굴도 보인다. '조선의 로트렉'이라고 불리는 곱사등이 화가이다. 친구 사이라지만 이상이 구본웅 보다 네 살 아래다.

두 사람의 인연은 각별하다. 1933년에 이상이 폐병에 걸려 총독부 건축 기사 일을 그만두고 황해도 백천 온천으로 요양 갈 때 함께한 친구가 구본웅이다. '제비다방'이라는 이름도 구본웅에게서 나오지 않았을까 추측해 본다.

여기서 제비는 의열단원 김상옥을 가리킨다. 왜냐고? 구본웅은 열일곱 살 때 학교에 가다가

이상과 친구 사이였던 화가 구본웅이 1935년에 그린 <우인의 초상>. 이상을 모델로 그렸다고 전해진다.

우연히 의열단원인 김상옥의 최후를 목격한 인연이 있다.

1923년 1월 12일 밤, 김상옥 의사는 독립운동 탄압의 총본부라고 할 수 있는 종로경찰서에 폭탄을 투척한 뒤 순사들에게 쫓기는 신세가 된다. 열흘 뒤 아침 일곱 시, 찬바람이 쌩쌩 부는 효제동에서 김상옥 의사는 외딴집 세 채를 에워싸고 두 겹 세 겹으로 늘어선 천여 명의 일제 순사들에게 육혈포를 쏘며 저항하다가 마지막 남은 총알로 자결한다.

나중에 발견된 김상옥 의사의 시체에서 열한 발의 총상이 발견되었다고

하니, 일본 순사와의 접전이 얼마나 치열했는지 짐작할 수 있다.

구본웅은 자신이 목격한 상황을 펜화로 남기며, 그림 아래에 다음과 같은 시를 덧붙인다.

아침 7시, '제비' 길을 떠낫더이다.

새봄 되오니 제비시여 넋이라도 오소서.

훗날 구본웅은 우리가 잘 알고 있는 파이프를 문 이상의 초상화를 그리기도 했다.

그런데 살결 고운 미인이라는 소문이 자자한 이상의 연인 금홍은 어디 갔는지 보이지 않는다. 구보에게 물어보니 아마도 뒷방에 있을 거란다.

이때 갑자기 홀 안에서 친구들과 웃고 떠들던 이상이 시를 낭송하기 시작한다. 어떤 시인지 궁금해서 귀를 쫑긋 세워 보지만 목소리가 나직해서 어렴풋하게 들린다. 혹시 이상이 1932년에 발표한 〈건축무한육면각체〉라는 시는 아닐까?

四角形의內部의四角形의內部의四角形의內部의四角形의內部의四角形.

四角이난圓運動의四角이난圓運動의四角이난圓.

[이하 생략]

아, 이게 무슨 뜻이지? 어렵고 이상하다. 그래도 몹시 끌린다. 혹시 아직

아침7시. 찬바람.

섯달이다가도 복수없든 눈이
정월들자 나리니 눈바람 차갑든
중학시절 생각이 난다.
아침 7시. 찬바람. 눈쌓한 덜판.
새로진 외딴집 세 채를 에워싸고
두겹 세겹 느러슨 왜적의 경관들
우리의 의열 金相玉 義士를 노리네.
슬프다 우리의 金 義士는 양손에
육혈포를 꽉 잡은채. 그만_
아침 7시. 제비 (金 義士의 別名을 제비
라 하여 불렀섰슴) 길을 떠낫더이다.
새봄되니 제비시여 넋이라도 오소서.

◆ 구본웅이 그린 〈김상옥 의사의 최후〉. 펜화에 덧붙인 시에서 화가의 안타까움이 고스란히 전해진다.

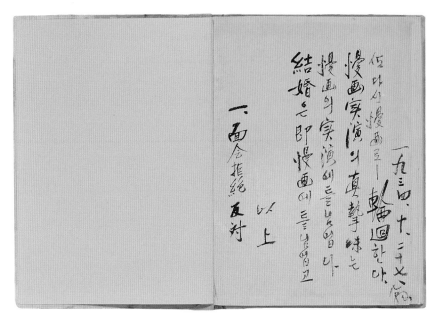

一九三四.十二.二十七日

一 面會拒絶 反對

以上

慢畵實演으로─ 輪廻한안.

慢畵實演의 眞摯한味는

慢畵의 實演에 들엇슬니다.

結婚은 即慢畵에 들너습고

박태원의 결혼식 방명록에 글을 남긴 이상. 제목을 '면회 거절 반대'라고 쓴 것으로 미루어, 친구가 결혼하면 자주 못 보게 될까 봐 지레 걱정한 듯하다.

발표하지 않은 시 〈오감도〉(1934년 7월 발표)는 아닐까? 또 귀를 쫑긋 세워 본다.

十三人의兒孩가道路로疾走하오.

(길은막달은골목이適當하오.)

第一의兒孩가무섭다고그리오.

第二의兒孩도무섭다고그리오.

第三의兒孩도무섭다고그리오.

[이하 생략]

아, 이 시도 어렵고 이상하다. 그런데 어딘지 모르게 세련된 매력이 있다. 이 시도 아니면 또 다른 시일까?

일제 강점기에 시대를 훌쩍 앞선 파격적인 현대 시와 현대 소설을 발표해 현대 문학사를 이채롭게 만든 이상! 몇 년 뒤, 현해탄을 건너 일본의 도쿄에서 요절한 그의 슬픈 운명을 알기에, 그를 바라보는 마음이 마냥 편치만은 않다.

이상과 그의 친구들을 방해하지 않도록 구보에게 안녕히 계시라는 눈인사만 보내고 제비다방의 문을 조용히 열고 나온다.

"안녕, 이상!"

저항과 친일의 갈림길에서
일제 강점기의 문학과 예술

3·1 운동 이후, 일제가 문화 통치를 실시하면서 교육과 문화, 예술 분야는 큰 제약을 받았다. 일제의 탄압으로 조선인이 세운 사립 학교가 절반쯤 문을 닫으면서, 1925년 조선인의 보통학교 취학률은 15% 정도에 불과했다. 일본인 보통학교 취학률과 비교하면 여섯 배 넘게 차이가 난 셈이다.

뿐만 아니라 일제는 1937년에 중일 전쟁을 일으키면서 한글과 우리 역사 교육을 금지시켰고, 1942년에는 우리말 보급에 앞장서던 조선어 학회를 강제로 해산시켰다.

이런 암울한 시대 상황 속에서도 문학 활동은 활발히 전개되었다. 1920년대 들어서면서 《백조》와 《창조》 같은 잡지를 중심으로 문학 작품이 발표되었는데, 박태원과 이상이 몸담은 '구인회'는 이태준, 이효석 등과 함께 순수 문학을 추구하던 단체였다. 이들은 일제의 식민지라는 현실을 애써 외면하며 문학만을 추구한다는 비판도 받았으나, 당시 대중들의 삶을 글에 녹여 낸 뛰어난 작품들을 발표했다.

한편으로 친일 활동을 강요받아 일제의 앞잡이 노릇을 하는 문학가들이 속속 등장했지만, 윤동주, 이육사, 한용운 등으로 대표되는 저항 시인들도 활발히 활동했다. 하지만 1930년대 후반, 일제에 반대하는 문학 활동이 금지된 이후로 저항 작가들은 큰 고초를 겪게 된다. 앞서 언급한 저항 시인인 윤동주, 이육사, 한

◆ 1920년대, 대한민국 임시 정부 요인들과 함께 사진을 찍은 춘원 이광수(앞줄 가운데). 조선 최고의 인재로 칭송받던 이광수는 2·8 독립 선언문의 초안을 작성하는 등 한때 독립운동에 깊이 관여했지만, 1940년대로 접어들면서 친일 행각에 앞장서게 된다.

용운 전부 광복을 맞이하지 못하고 옥에 갇히거나 건강이 악화되어 별세하는 비극을 맞았다.

문학 외에도 영화와 가요가 식민지에서 살아가는 사람들의 고달픔을 위로해 주는 대중문화로 새롭게 떠올랐다. 1926년 10월, 단성사에서 개봉한 나운규 감독의 영화 〈아리랑〉은 나라 잃은 울분을 생생하게 담아내어 큰 인기를 끌었다. 영화의 마지막 장면에서 변사를 포함한 모든 관객들이 눈물을 흘리며 〈아리랑〉을 따라 불렀다고 할 정도였다.

각각 1928년과 1935년에 발표한 〈황성 옛터〉와 〈목포의 눈물〉 등 식민지의 설움을 표현한 가요들도 큰 사랑을 받았다. 우리 민족의 아픔을 생생하게 표현한 가요가 크게 유행하면서, 음반 판매가 금지되는 동시에 작곡가와 작사가가 경찰서에 잡혀가 옥고를 치르기도 했다.

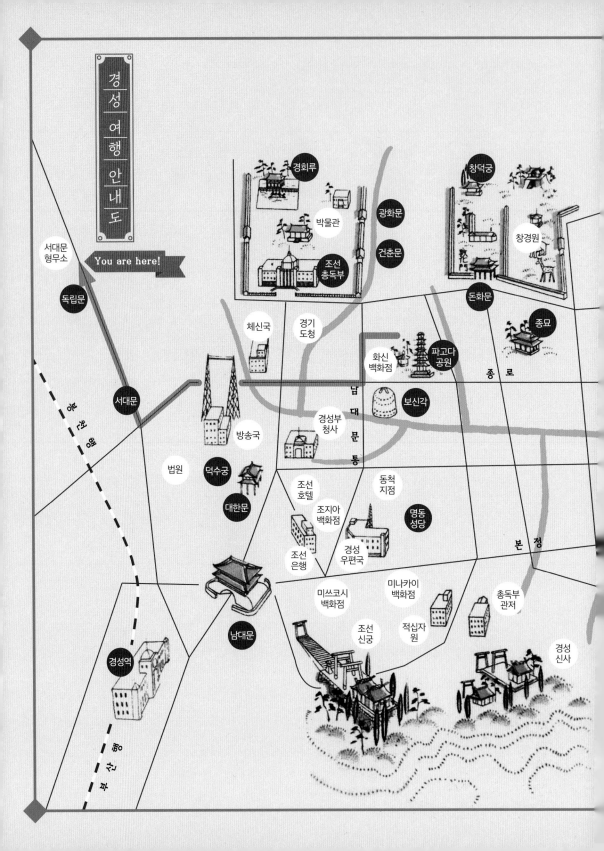

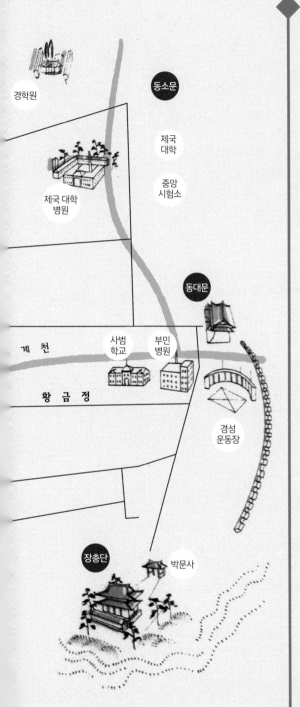

경학원

동소문

제국
대학

중앙
시험소

제국 대학
병원

계 천

동대문

사범
학교

부민
병원

황 금 정

경성
운동장

장충단

박문사

6

서대문형무소의
독립운동가들

때 | 늦은 점심
장소 | 종로 ⇨ 서대문형무소

철창 너머로 선생의 모습이 보인다.
꼿꼿한 자세로 앉아 정면을 응시하고 있다.
비록 좁디좁은 독방에 갇힌 신세이나,
작은 체구에서 뿜어 나오는 기상은
만주 벌판에서 포효하는 호랑이와 다름없다.
부리부리한 두 눈에서 광채가 번득이고
얼굴에서 굳은 의지가 새어 나온다.

뚝 그쳐, 순사가 잡아간다!

　오후가 되자 날이 점점 흐려지면서 하늘이 무겁게 가라앉는다. 우리는 종로 네거리에서 공평동 길로 샌다. 서대문형무소로 가는 길에 그냥 지나칠 수 없는 건물이 있기 때문이다.

　공평동 쪽으로 접어들자 화신백화점과 대각선을 이룬 자리에 대대적으로 확장·이전한 종로경찰서가 나온다. 반구형 돔과 흰 석조 건물이 웅장하다. 새로 이전한 종로경찰서 건물은 대한 제국의 최고 법원인 평리원이 있던 곳이다. 좀도둑이나 잡으려고 이렇게 확장했을 리는 없고, 보나 마나 독립운동가들을 잡아들이기 위해서일 터이다.

　종로경찰서는 종로 지역의 치안만 담당하는 경찰서가 아니다. 경성 전체의 치안을 맡고 있을 뿐 아니라, 실제로는 독립운동 탄압의 총본부나 마찬가지다. 그렇기에 의열단원 김상옥이 목숨을 걸고 종로경찰서에 폭탄을 투척한 것이리라! 김상옥 의사가 폭탄을 투척한 옛 종로경찰서 건물은 종로 2정목 기독교 청년회(YMCA) 건물 옆에 있다. 예쁜 시계탑이 있는 옛 한성전기회사 건물이다.

종로경찰서 고등계는 독립 운동가를 잡아들여 고문하는 곳으로 악명이 높았다. 1920년대 고등계 주임 미와 경부는 의열단원 김상옥을 검거하는 데 대활약을 했다. 별명이 '염라대왕'일 정도로 무시무시한 고문 기술도 자랑했다. 수많은 독립 운동가와 가족들이 끌려와 모진 고문을 받다가 목숨을 잃었고, 풀려난 후에도 후유증에 시달리며 고통스런 삶을 살았다.

1925년, 총을 들고 있는 일본 순사의 모습.

종로경찰서 앞에서 짧은 콧수염을 기른 순사 셋과 마주친다. 쓰메에리(깃의 높이를 4센티미터쯤 높게 하고 목을 둘러 바싹 여미게 지은 양복) 복장에 금줄이 쳐진 챙 높은 모자를 쓴 채 총을 든 순사들의 모습은 보는 것만으로도 상당히 위압적이다.

"뚝 그쳐! 자꾸 울면 왜놈 순사가 잡아간다!"

옛날에 칭얼대는 아기를 달래며 겁줄 때 '호랑이 온다!'고 했던 말이 '순사 온다!'로 바뀐 이유를 알 만하다. 직접 마주치자 잘못한 것도 없이 다리가 후들거린다.

순사는 길 가는 사람이 수상하다 싶으면 다짜고짜 가방을 뒤진다. 카페를 불시에 습격해서 차나 술을 마시는 손님들을 함부로 잡아들인다. 여름

더위에 지쳐 그늘에서 잠을 청하는 사람들을 발로 걷어차기도 한다. 일제는 이렇게 조선인의 평범한 일상생활에도 감시의 눈길을 번뜩거렸고, 독립운동이나 사상운동에 대해서는 무자비한 처벌을 일삼았다.

서대문행 전차를 타기 위해 종로 네거리로 다시 나온다. 전차에서 내려 독립문을 지나 서대문형무소로 향한다. 지나가는 길에 현저동 도축장이 나온다.

일제는 1917년 서울의 곳곳에 흩어져 있던 도축장을 현저동으로 모아 '경성부영도축장'을 세운다. 정문을 지나는 순간, 피비린내와 똥오줌 냄새가 진동을 한다. 얼른 코를 막고 도축장을 서둘러 지나친다.

저 멀리 서대문형무소가 보인다.

1934년, 경성판 쇼생크 탈출

어이쿠, 급작스럽게 뇌우를 만난다. 서대문형무소가 코앞인데! 아까부터 조짐이 예사롭지 않더니만……, 천둥소리가 우르르 쾅쾅 울리더니 앞이 안 보일 정도로 강한 빗줄기가 쏟아진다. 하늘에서 물을 양동이로 퍼붓는 듯하다.

황급히 길갓집의 처마 밑으로 찾아든다. 몸을 최대한 웅크리고 비를 피한다. 낙숫물 떨어지는 소리에 귀가 따가울 지경이다. 간간이 천둥이 치더니 사방이 밤처럼 어두워진다. 서대문형무소로 가는 울적한 마음을 비바람 치는 궂은 날씨가 대신 말해 주는 것 같다.

"장마철도 아닌데……, 웬 봄비가 이렇게 사납지?"

등에 젖먹이를 둘러업은 젊은 여인이 옆에서 중얼거린다. 젖먹이가 배가 고픈지 칭얼대다가 손가락을 빨며 잠이 든다. 비긋기를 기다리며 아기 엄마와 오손도손 이야기를 나눈다. 아기 엄마는 일단 말문을 트자 경계심을 풀고 이런저런 이야기를 털어놓는다.

남편의 옥바라지를 하기 위해 서대문형무소에 들렀다가 이제 집으로 돌아가는 길이란다. 남편은 독립운동을 하다가 지금 서대문형무소에 갇혀 있다고 한다.

'아, 독립운동가의 아내구나!'

가슴속 깊은 곳에서 뜨거운 무언가가 치밀어 오른다. 실례를 무릅쓰고 아기 엄마의 얼굴을 찬찬히 살펴본다. 외모는 수수하지만 눈에는 총기가 서려 있다. 꽉 다문 입매가 야무지다. 앞가르마를 탄 머리는 단정하게 빗어 넘긴 뒤 쪽을 지고, 짧은 고름을 매단 저고리에 긴 치마를 입고 있다. 낡고 초라한 옷을 걸치고 있지만 온몸에서 기품이 넘친다.

'갖은 고생을 다 하면서도 의연하구나.'

그때 번개가 번쩍, 내리꽂히면서 천둥소리가 세상을 가른다. 그 틈을 타서 아기 엄마가 귀가 번쩍 뜨일 만한 뉴스를 전한다.

"며칠 전, 이재유 동지가 서대문경찰서에서 두 번째 탈출 시도 만에 결국 성공했답니다."

알음알음으로 경성 바닥에 소문이 쫙 퍼졌단다.

이재유가 누구인가? 1930년대 '경성 트로이카'라는 지하 혁명 조직을 이끌며 일제에 저항 운동을 펼친 혁명가이다. 1930년대로 접어들면서 민족주의자들은 대부분 친일파로 돌아서고, 조선 공산당은 붕괴되어 저항 운동

153

이 거의 끊긴 상황이었다.

이재유는 이런 어려움 속에서도 독립운동을 꾸준히 펼쳤기에, 그 공로를 인정받아 남·북한 모두에서 '독립 유공자'로 지정되었다. 그야말로 진정한 독립운동가이자 혁명가이다. 게다가 뛰어난 변장술로 신출귀몰했을 뿐 아니라, 경찰서를 탈출해 일제 경찰을 웃음거리로 만든 전설의 주인공이기도 했다.

1934년 1월 22일, 이재유는 경찰에 체포되어 서대문경찰서에 갇혔다. 모진 고문을 당하며 심문을 받았으나 호시탐탐 탈출의 기회를 엿보았다. 같은 해 3월에 이재유에게 크게 감명받은 모리다 순사가 도움을 주어 탈출에 성공하지만, 하필이면 미국 영사관으로 숨어드는 바람에 좀도둑으로 몰려서 금세 잡히고 만다.

그는 4월 13일에 두 번째 탈출을 감행하는데, 그 과정이 영화 〈쇼생크 탈출〉만큼이나 극적이다. 《경성 트로이카》라는 책에 이재유의 탈출 과정이 상세하게 담겨 있다.

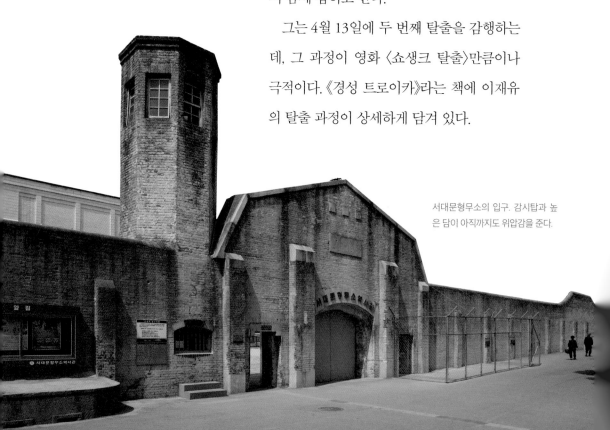

서대문형무소의 입구. 감시탑과 높은 담이 아직까지도 위압감을 준다.

짓이긴 밥알을 족쇄 안에 넣어 모양을 본뜬 뒤, 수감자들이 마시는 우유병의 양철 뚜껑을 이빨로 구부려 열쇠를 만들었다고 한다.

독립운동가 이재유의 체포 소식을 실은 <경성일보>.

그리고 나서 일부러 작은 소동을 일으킨 다음, 혼란을 틈타 족쇄를 풀고 변장을 한 뒤 유유히 탈출에 성공했다나.

기억을 더듬어 그의 탈출 과정을 독립운동가의 아내에게 슬쩍 전하자 생생한 묘사에 놀라는 눈치다. 그녀의 말에 따르면 지금 서대문경찰서는 거물급 독립운동가를 두 번이나 놓친 탓에 초상집 분위기란다.

"이번에는 잡히지 말아야 할 텐데……."

"쉽게 잡히지 않을 거예요."

그녀가 무엇을 더 알고 있냐는 듯이 빤히 쳐다본다.

알다마다. 이재유는 평소에 알고 지내던 경성제국대학 미야케 교수의 집에 토굴을 파고 38일가량 기거한다. 그 뒤 신분을 철저하게 숨긴 채 동지 이관술과 함께 경기도의 한 마을에 숨어든다. 1936년 12월 25일에 다시 붙잡히기 전까지 2년 8개월 동안, 낮에는 농사를 짓고 밤에는 조선 공산당을 재건하는 일에 몰두한다.

1937년 4월 30일, 총독부 기관지인 일어판 <경성일보>는 호외를 내고 다음과 같은 제목을 뽑는다.

집요 흉악한 조선 공산당, 마침내 괴멸하다!

큰지막한 사진과 함께 이재유의 체포 소식을 알리는 기사가 실렸다. 안타깝게도 이재유는 해방을 보지 못하고, 1944년에 형무소에서 세상을 떠나고 만다. 차마 이 소식까지는 입밖에 내지 못하고 독립운동가의 아내와 헤어진다.

어느새 비가 그쳤다.

서대문형무소의 고문실

서대문형무소의 붉은색 벽돌 담장이 보인다. 붉은 벽돌 건물을 보는 순간, 가슴이 빠개지는 듯하다. 잠시 호흡을 가다듬으며 마음을 진정시킨다. 서대문형무소는 1908년에 경성감옥으로 문을 열었다가, 1923년에 서대문형무소로 이름을 바꾸었다. 일제 강점기 내내 수많은 독립운동가들이 악랄한 고문을 받은 뒤 갇히거나 처형된 곳이다.

서대문형무소의 높고 긴 담장을 따라 천천히 걸으니 정문과 감시탑이 나온다. 작은 출입문을 통해 안으로 들어가 본다. 서대문형무소 안은 넓디넓다. 그 넓은 공간에 기다란 건물들이 빼곡하게 들어차 있다. 하나같이 검정 지붕을 이고 붉은 벽돌 몸체에 작고 길쭉한 창을 내어서 답답해 보인다.

잠깐 망설이다가, 마음을 단단히 먹고 취조실이 있는 보안과 청사로 들어간다. 취조실로 내려가는 지하 계단에서부터 으스스한 한기가 느껴진다. 취조실에서는 종로경찰서의 고등계 형사가 파견 나와 잡혀 온 젊은 독립운동가를 조사하는 중이다. 염소수염 같은 모지랑수염을 한 일본인 경부가 취조를 하고, 옆에서 조선인 형사가 통역 겸 취조를 돕고 있다.

"어서 숨은 곳을 대!"

때리는 시어미보다 말리는 시누이가 더 밉다는 말이 맞나 보다. 독립운동가를 겁박하는 조선인 형사에게 화가 더 치미는 걸 보니……

지금 취조를 받고 있는 젊은 독립운동가에게 거물급 인사가 숨은 곳을 털어놓으라고 을러대는 중이다. 젊은 독립운동가는 아예 두 눈을 감고 아무 대꾸도 하지 않는다. 그러자 짐승 같은 형사들이 그를 고문실로 끌고 간다. 주먹질과 발길질, 곤봉으로 마구 때리는 건 시작에 불과하다. 그 사실을 잘 아는 젊은 독립운동가는 이를 악문 채 신음 소리조차 내지 않는다.

1920년대 초, 경성감옥 시절의 내부 모습. 사진을 찍은 위치에 서면, 모든 옥사의 문을 한눈에 감시할 수 있었다.

곧이어 본격적인 고문이 시작된다. 한 손은 허리 뒤로, 다른 손은 어깨 뒤로 꺾어 수갑을 채운 뒤 천장에 매다는, 일명 '비행기 태우기' 고문이다. 그리고 나서 손톱 발톱에 대나무 못을 박고 얼굴에 고춧가루를 탄 물을 붓는다. 독립운동가의 얼굴이 퉁퉁 붓고 손과 발에서 피가 줄줄 흐른다.

"네놈들이 아무리 고문을 한다고 해도 내 동지를 팔아먹는 짓은 하지 않는다! 이 천인공노할 놈들아!"

피범벅이 되어서도 기개를 꺾지 않으니 일본인 경부가 '착의'를 가져오라고 시킨다. 조선인 형사가 가져온 착의를 보자 젊은 독립운동가의 몸에서 파르르 경련이 일어난다. 착의는 쇠가죽으로 만든 조끼인데, 바짝 말린 착의를 몸에 꼭 맞게 입힌 다음 미지근한 물을 계속 들이붓는다. 시간이 지나면서 가죽 조끼가 몸을 점점 죄기 시작한다. 나중에는 숨이 막혀 정신을 잃게 되는, 아주 가혹하고 잔인한 고문이다.

더 이상 눈 뜨고 볼 수가 없어서 고문실을 빠져나온다. 가슴이 미어지고 분노의 뜨거운 눈물이 솟구쳐 오른다.

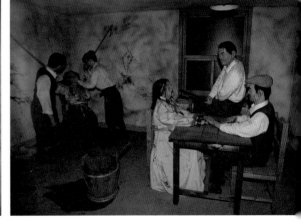

독립운동가를 고문하는 일본 형사의 모습을 재현한 모형. 채찍질과 물고문을 하는 장면이다.

나라 없는 몸, 무덤은 있어 무엇 하느냐

옥사로 발길을 옮긴다. 서대문형무소에 갇힌 독립운동가들 중에서 먼발치에서나마 꼭 보고 싶은 분이 있다.

복도 양쪽으로 감방이 길게 늘어서 있다. 감시대 위에 선 간수가 옥사 전체를 내려다보며 눈을 부릅뜬 채 감시하고 있다.

한 독방에서 일송 김동삼 선생을 발견한다.

'만주벌 호랑이'

김동삼 선생의 별명이다. 철창 너머의 좁은 틈새로 선생의 모습이 보인다. 꼿꼿한 자세로 앉아 정면을 응시하고 있다. 비록 좁디좁은 독방에 갇힌 신세이나, 작은 체구에서 뿜어 나오는 기상은 만주 벌판에서 포효하는 호랑이와 다름없다. 부리부리한 두 눈에서 광채가 번득이고 깡마른 얼굴에서 굳은 의지가 새어 나온다.

선생이 갇힌 독방은 한 사람이 겨우 누울 만큼 비좁은 공간이다. 변기조차 없어서 마룻널 끝 쪽에다 구멍을 하나 뚫은 뒤, 어렵사리 용변을 보고 밖으로 내보낸다.

김동삼 선생은 만주 무장 독립 투쟁을 이끈 선봉장이다. 한일 병합 뒤인 1911년, 만주로 건너가서 훗날 '신흥 무관 학교'로 발전하는 '신흥 강습소'를 세웠다. 또 만주로 이주한 조선 동포들을 위해 농지를 개척하고 민족 교육에 힘썼다.

1931년 일제는 만주 사변을 일으켜 만주국을 수립했다. 만주 지역의 자원을 확보하여 군수 물자로 사용하기 위해 치밀하게 계획한 뒤 전쟁을 일으킨 것이다. 김동삼 선생은 만주에 더 이상 머물기가 힘들어졌다.

일송 김동삼 선생의 모습.

그는 하얼빈으로 건너가 독립운동가 정인호의 집에 머물던 중, 동지 김원일과 함께 일제 경찰에게 체포되고 만다.

이루 말할 수 없이 모진 고문을 받은 뒤, 십 년 형을 받고서 서대문 형무소에서 복역 중이다. 김동삼 선생은 건강이 무척 나빠 보인다. 원래는 강골이었으나, 모진 고문에 시달리며 열악한 독방 생활을 오 년여 하다 보니 건강을 해친 것이리라.

1937년 봄, 선생은 건강이 악화되어 옥중에서 일생을 마친다. 숨이 끊기기 전, 두 아들에게 이런 유언을 남긴다.

내가 죽어도 뼈를 묻을 땅이 없다.
유골을 불살라서 재를 만들어 한강에 띄워라.
영혼이 동해를 떠돌다가 왜놈들이 망하고
조국이 광복되는 것을 지켜보겠다.

1937년 봄은 중일 전쟁을 앞둔 일제가 조선인을 침략 전쟁에 동원하려던 때이다. 일제는 자신들의 목적을 위해 김동삼 선생의 죽음을 쉬쉬했고, 워낙 상황이 급박하게 돌아가던 때였는지라 장례조차 치르지 않은 채 시신을 그대로 방치한다.

이때 소식을 들은 만해 한용운 선생이 달려와 김동삼 선생의 시신을 자신의 집(성북동 심우장)에 안치했다가, 선생의 유언을 받들어 화장한 뒤 유골을 한강에 뿌린다.

자꾸 눈시울이 붉어진다. 비록 말 한마디 나누지 못했지만, 먼발치에서나마 볼 수 있었던 건 뜻깊은 경험이다.

'고맙습니다.'

'잊지 않겠습니다.'

마음속으로 몇 번이고 되뇐다.

아까 온 길을 되짚어 내려가는데, 도축장에서 끌려가지 않으려고 발버둥치는 소의 끔찍한 울음소리가 들려온다. 환청일까, 소의 울음소리에 고문을 받던 젊은 독립운동가의 비명 소리가 겹쳐 들린다.

근·현대
돋보기

태극의 깃발 높이 드날리며
대한민국 임시 정부와 독립운동

너희도 만일 피가 있고 뼈가 있다면

반드시 조선을 위하여 용감한 투사가 되어라

태극의 깃발을 높이 드날리고

나의 빈 무덤 앞에 찾아와 한 잔 술을 부어 놓아라

－윤봉길 의사의 '친필 유서' 중에서

 3·1 운동 이후, 나라 안팎의 많은 독립운동가들은 독립운동을 효율적으로 이끌 단체의 필요성을 느꼈다. 비슷한 시기에 국내에서 '한성 정부'가, 블라디보스토크에서 '대한 국민 의회'가, 상하이에서 '대한민국 임시 정부'가 만들어졌다. 1919년 9월에는 세 단체를 통합하여 '대한민국 임시 정부'가 출범했다. 대한민국 임시 정부는 일제의 감시를 피하고자 상하이에 본부를 두었다.

 하지만 1920년대 중반부터 대한민국 임시 정부 내에서 독립운동의 방향에 대해 여러 의견이 대립하게 되고, 사분오열된 채 활동이 침체에 빠지게 된다. 게다가 자금과 인재의 부족으로 어려움을 겪었을 뿐만 아니라, 1930년대로 들어서면서 일제가 조선인과 중국인 사이를 이간질해 중국 내 활동마저 여의치 않게 된다.

 1931년, 어려운 상황을 이겨 내고자 임시 정부 주도하에 '한인 애국단'이 조직되었다. 한인 애국단은 항일 운동 단체로, 일본의 주요 요인들을 암살하는 데 목적을 두었다. 이듬해인 1932년 1월에 이봉창 의사가 일본 도쿄에서 일왕에게 폭탄을 던졌고, 4월에는 윤봉길 의사가 중국 상하이 홍커우 공원에서 열린 일본군의 상하이 점령 기념식에서 폭탄을 투척해 일본군 장성과 고위 관료들을 처단했다.

　윤봉길 의사의 거사가 있고 난 후 일제의 독립운동가 색출과 탄압은 더욱 심해졌다. 하지만 한인 애국단의 활동은 중국의 국민당 정부가 우리 민족이 중국 영토 내에서 독립 투쟁을 할 수 있도록 승인하는 데 큰 힘이 되었을 뿐만 아니라, 나라 안팎의 동포들이 독립에 대한 의지를 확인하고 적극적으로 독립운동에 나설 수 있는 계기를 마련했다.

　이후 중국 내륙의 충칭으로 옮긴 대한민국 임시 정부는 해방까지 독립운동의 중심이 되었다. 1940년대에는 '한국 광복군'을 창설해 일본 군대에 적극적으로 대항하는 한편, 미군과 협력하여 국토를 일제로부터 해방하려는 '국내 진공 작전'까지 세웠으나 일제의 무조건 항복으로 실현되지는 못했다.

　대한민국 임시 정부에서 계획한 국내 진공 작전의 개시일은 1945년 8월 20일이었다.

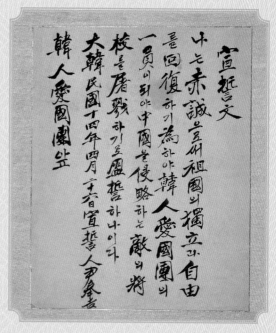

◆ 윤봉길 의사가 쓴 한인 애국단 선언문. 당시 중국 정부는 '백만 대군도 못한 일을 일개 조선 청년이 해냈다.'며 윤봉길 의사를 칭송했다.

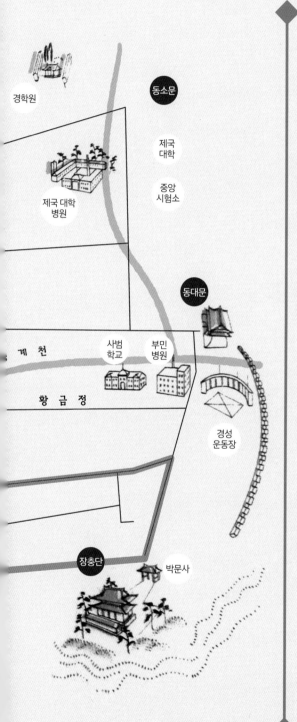

경학원

동소문

제국
대학

중앙
시험소

제국 대학
병원

동대문

계 천

사범
학교

부민
병원

황 금 정

경성
운동장

장충단

박문사

7

선은전 광장의
눈부신 번화가

때 | 오후
장소 | 서대문형무소 ⇨ 선은전 광장
⇨ 남산 ⇨ 본정

차도 옆에 설치된 보도 위로 사람들이
쉴 새 없이 지나다닌다. 여름철 '하나비',
그러니까 불꽃놀이가 열릴 때면 다리가
휘청거릴 정도로 인파가 몰린다고 한다.
한강에서 보트를 타고 데이트를 즐기는
연인들의 모습도 눈에 띈다.

선은전 광장 가는 길

전차를 타고 이런저런 생각에 잠겼다가, 그만 내려야 할 정거장을 지나치고 말았다. 급한 마음에 허겁지겁 내려서 주변을 살펴보니 경성부 청사 앞이다. 경성부 청사는 해방 이후 서울특별시 청사로 쓰였고, 지금은 서울도서관이 들어섰다.

언제 뇌우가 쏟아졌냐는 듯 하늘이 말짱하게 개어 있다. 봄날 오후의 햇살이 따갑다. 숭례문 쪽으로 난 태평로 2정목 거리를 슬슬 걷다 보니, 길 양쪽으로 고물상들이 닥지닥지 늘어서 있다. 한 고물상 안을 슬쩍 들여다보니 별의별 게 다 있다. 헌 옷가지와 이불을 비롯해 낡은 가재도구들이 산더미같이 쌓여 있다.

그 가운데에 눈이 뻔쩍 뜨일 만한 물건이 있다. 조선 시대 사대부의 안방에서 흔히 볼 수 있는 삼층장이다! 나비 모양의 경첩이 달린 오동나무로 만든 단아한 삼층장인데, 먼지를 잔뜩 뒤집어쓰고 한쪽 구석에 덩그러니 처박혀 있다.

그 옆에는 사랑방에서 쓰는 사방탁자며 문갑이며 서안이 층층이 쌓여 있다. 떵떵거리는 사대부 가문의 안방과 사랑방에 놓여 있어야 할 물건들이 어쩌다가 고물상으로 흘러들었는지……

고물상 주인에게 물어보니, 요즘에는 다들 신식 서양 가구를 좋아해서이런 구닥다리 가재도구는 인기가 없단다. 쯧! 고물상 안을 휘둘러보니, 우리 시대로 가지고 오면 박물관에 귀하게 모셔야 할 물건들이 부지기수다.

밖으로 나와 포장도로로 접어들자, 왼편에 아름다운 벽돌 건물이 나온다. 지하 일 층과 지상 삼 층의 호화로운 조선호텔이다. 조선호텔은 철도

조선호텔의 정문 부분. 일제가 철도 호텔을 짓는다는 명분으로 원구단을 철거하고 그 자리에 세웠다.

이용객과 외국인 손님을 위해 서양식으로 지은 철도 호텔이다. 호텔 정문으로 가자, 정면 세 칸의 맞배지붕에 '백운문'이라는 현판이 걸려 있다.

白雲門

세상에, 원구단의 정문이잖아? 원구단은 1897년에 고종 황제가 천신에게 제사를 올리고 대한 제국을 선포한 곳인데! 일제가 그 자리에 호텔을 세웠구나!

안쪽으로 걸어가 보니, 삼 층 팔각 건물인 황궁우와 돌로 만든 북인 석고 세 개만 겨우 남아 있다. 경복궁 자리에 조선 총독부를, 창경원에 동물원을 세운 것처럼, 대한 제국을 상징하는 건물 자리에 서양식 호텔을 들어앉힌 것이다.

햇빛 쏟아지는 오후의 거리로 다시 나온다. 양쪽으로 울창한 가로수가 늘어서 있는 포장도로이다. 가로수는 봄맞이 가지치기를 해서 잘 다듬어져 있다. 가로등도 없는 종로와는 비교할 수 없이 말끔한 현대식 도로이다. 도로 표지판에 '하세가와마치'라고 씌어 있다.

조선 시대부터 현재까지 쭉 '소공로'라고 부르는 도로이다. 조선 태종 임금의 둘째 공주인 경정공주가 살던 궁이 있다고 해서 '작은 공주골', 즉 '소공로'라고 불렸던 곳이다.

그러던 길이 1904년 러일 전쟁 때 일본군 사령관이었던 하세가와 요시미치가 살았다고 해서, 그의 이름 '하세가와'에 거리를 뜻하는 '마치(町)'를 붙여 하세가와마치가 되었다. 하세가와 요시미치는 1916년 2대 조선 총독으로 부임해서 무단 통치를 폈을 뿐만 아니라, 3·1운동에 참여한 사람들을 무자비하게 탄압한 자인데…… 원구단에 이어, 오백여 년 동안 소공로였던 길마저 일제에 이름을 빼앗기고 만 것이다.

거리를 걸으며 어느새 시구를 속으로 중얼대고 있다.

나는 온몸에 햇살을 받고
푸른 하늘 푸른 들이 맞붙은 곳으로,
가르마 같은 논길을 따라 꿈속을 가듯 걸어만 간다.
〔중략〕
그러나 지금은 들을 빼앗겨 봄조차 빼앗기겠네.

-이상화, <빼앗긴 들에도 봄은 오는가> 중에서

이곳이 진짜 경성이지!

소공로, 아니 하세가와마치를 타박타박 걷다 보니 어느덧 선은전 광장이다. 조선은행 건물이 있다 보니, '조선은행 앞'을 줄여서 '선은전'이라고 부른다. 광장이 어찌나 넓은지 시야가 확 트인다. 선은전 광장 북쪽으로는 방금 걸어 내려온 하세가와마치, 동서쪽으로는 남대문통 큰길, 남쪽으로는 본정이 합류하는 네거리에 있다.

높은 건물에 둘러싸인 널찍한 도로이다 보니, 느릿느릿 다니는 전차와 그 옆으로 다니는 사람들이 장난감처럼 조그맣게 보인다. 일본인 거주지인 '남촌'의 위세가 사방팔방으로 뻗쳐 나가고 있다.

169

과연 선은전 광장은 명성 그대로이다. 조선은행, 경성우편국, 미쓰코시 백화점 같은 웅장한 건물에 둘러싸여 근대 도시 경성의 위세를 한껏 뽐낸다. 선은전 광장은 시각적으로도 다양한 즐거움을 선사한다. 흰색 화강암 건물 양쪽에 둥근 탑을 덧붙여 뾰족한 삼각형 지붕이 돋보이는 조선은행, 붉은 벽돌과 흰 돌을 교차해서 섞어 올린 건물에 네모 지붕을 인 경성우편국, 그 옆에 높이 올린 광고탑, 정면 현관의 앙증맞은 벽시계에 부채꼴로 펼쳐진 독특한 모양의 미쓰코시백화점이 심장을 두근두근 뛰게 만든다. 그 당당한 모습만큼이나 선은전 광장은 조선을 지배한 일제의 금융, 정보, 상업의 권력을 상징하는 공간이다.

1930년 무렵의 선은전 광장. 왼쪽에 살짝 드러난 건물이 조선은행이고, 오른쪽으로 화려한 경성우편국 건물이 보인다. 미쓰코시백화점에서 바라본 전경으로 추측된다.

빵빵.

이때다. 자동차
가 뒤에서 시끄럽
게 경적을 울린다.
앗, 뒷좌석에 탄 사람
은 계동 저택의 두취 아닌가?
그리고 보니 두취가 일하는 은행이
이 근처에 있다. 조선 총독부에서

순종과 순정효황후가 타던 자동차. 1910년대에 만들어
진 것으로 추정된다.

재무국장을 만나 은행 일을 의논하고 돌아가는 길인 모양이다. 두취는 자
동차 좌석에 머리를 기대고 쉬는 중이다. 오후에는 ○○ 구락부에 잠깐 들
렀다가, 퇴근 후에는 고급스러운 조선 요리옥에서 손님을 접대해야 한다.

"남촌은 딴 세상이구먼!"

"이곳이 진짜 경성이지!"

"암, 그렇고말고."

"좋은 세상이여!"

옆에서 맥고모자에 두루마기를 입은 시골 노인 둘이 맞장구를 친다. 천
석꾼 지주인지, 겉모습에서 부유함이 철철 흐른다. 두 노인이 뒷짐을 진 채
선은전 광장의 건물들을 올려다본다. 눈이 휘둥그레지고 입에서 감탄 소리
가 잇따라 나온다.

요즘 경성에 구경 온 사람들은 북촌에는 발도 내딛지 않는다. 경성역에
내려 곧장 남대문통으로 빠져 선은전 광장 주변을 구경하다가, 본정에서
쇼핑과 오락을 즐긴다.

171

"백화점이라는 건물이 생겼다네. 이참에 구경하러 감세!"

시골 노인들이 미쓰코시백화점 쪽으로 신나게 걸어간다. 그 뒤를 슬금슬금 따라가 본다. 미쓰코시백화점은 경복궁 앞으로 이전하기 전에 경성부 청사가 있던 자리이다. 지금은 신세계백화점 본점이 있다.

백화점 전성시대

시골 노인들이 백화점 쇼윈도에 코를 박고 뚫어져라 안을 들여다본다. 미쓰코시백화점은 화려한 쇼윈도로 시골 손님들의 혼을 쏙 빼놓는다. 무엇보다 투명한 유리창으로 만들어 안이 훤히 들여다보이는 상품 진열대가 신기한가 보다. 우리에게는 새로울 게 없는 백화점 풍경이라, 오히려 넋이 나간 시골 노인들의 모습이 흥미롭다.

봄 세일을 알리는 대형 현수막이 미쓰코시백화점 건물 바깥에서 펄럭거린다. 할인 판매를 노린 경성의 여인들이 꾸역꾸역 몰려든다. 쇼윈도 안의 마네킹이 백화점 앞을 지나가는 사람들에게 유혹의 손짓을 보낸다. 그 유혹에 빨려든 사람들이 꿈을 꾸듯 백화점 문을 열고 들어간다. 고급 원피스와 신사 정장을 걸친 마

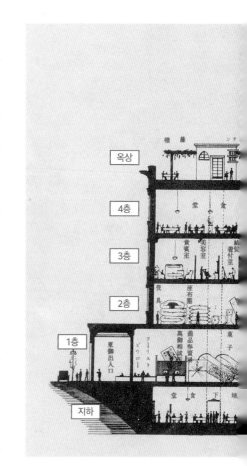

네킹들이 화려한 조명을 받아 반짝거리는 모습이 매혹적이다. 백화점 안은 발 디딜 틈 없이 붐빈다.

　빼어난 미모의 여직원들이 각 매장 앞에 마네킹처럼 서 있다. 숍 걸이라고 불리는 여성 판매원들은 상품을 사려는 욕망을 부채질하기 위해 고용되었다. 세련되고 도회적인 숍 걸은 여성들이 부러워하는 대상이다. 숍 걸이 걸친 원피스나 외투는 날개 돋친 듯 팔려 나간다. 숍 걸은 경성에서 인

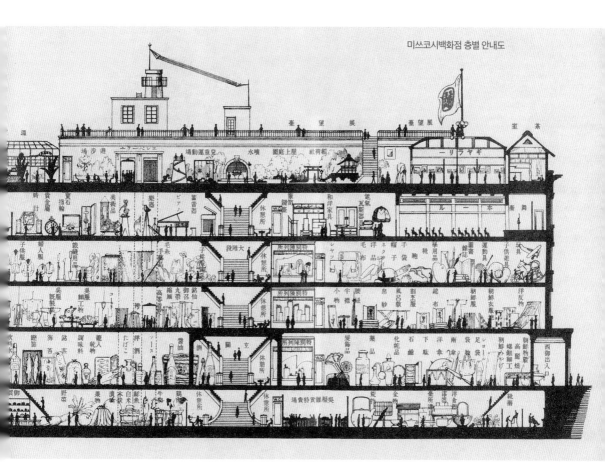

미쓰코시백화점 층별 안내도

기 높은 여성 직업 중 하나이기도 하다.

미쓰코시백화점은 쇼윈도를 갖추고 상품을 진열해 놓는 새로운 영업 방식을 선보여 선풍적 인기를 끌고 있다. 진열장에 전시된 상품을 직접 눈으로 확인할 수 있다는 건, 당시로는 획기적인 영업 전략이다.

아까 그 시골 노인들이 진열장에 전시된 고급 시계를 보여 달라고 요청한다. 손목에 차고 이리저리 불빛에 비추어 본다. 꽤 마음에 드는 눈치다. 옆의 노인이 가격을 물어본다.

'헉!' 소리가 나는 어마어마한 가격이다. 노인은 아랑곳하지 않고 현금 뭉치를 턱 내놓는다. 논밭이라도 판 것일까? 저런 거금을 아무렇지도 않게 내놓다니!

이렇게 부유한 시골 노인을 제외하면, 물건을 척척 사는 사람들은 별로 없다. 한 직장 여성이 마네킹에 입혀 놓은 봄철 코트를 손으로 만지작거리다가 끝내 그냥 지나간다. 대부분의 사람들은 화려한 상품을 눈요기만 할 뿐이다.

백화점 안에 있는 책방으로 가 본다. 책방에는 서서 책을 읽는 사람들로 바글바글하다. 정작 제 돈 내고 책을 사는 사람들은 찾아보기 힘들다. 승강기 쪽도 북적거린다. 승강기를 타고 오르락내리락하면서 경성의 전망을 공짜로 즐기려는 사람들이다.

앗, 복작대는 곳이 한 군데 더 있다.

뭐든지 10전

10전짜리 화장품을 파는 깜짝 진열대이다. 우리 시대의 '천 원 숍'과 비슷하다. 여성들이 왕창 몰려들어 너나 할 것 없이 립스틱, 분, 구리무를 집어 든다. 경성이 전체적으로 불황을 겪는 가운데 백화점만이 호황을 누리고 있다. 남촌에서도 진고개에 자리 잡은 소매상들 중 문을 닫는 상점이 늘어나고 있다고 한다. 경성 사람들이 기왕이면 백화점에서 물건을 사려고 하기 때문이다.

경성에서 다섯 손가락에 꼽히는 백화점 중에서 미쓰코시백화점, 미나카이백화점, 히라타백화점, 조지아백화점 등 네 곳이 남촌에 몰려 있다. 북촌에는 조선인이 세운 화신백화점 단 하나만이 있을 뿐이다.

승강기를 타고 옥상 정원으로 올라간다. 경성 시가지가 훤히 내려다보인다. 경성역, 경성우편국, 그리고 고개를 젖히면 남산까지! 남대문통 대로는

미쓰코시백화점 옥상에 있던 카페. 선은전 광장의 미쓰코시백화점은 만주와 조선을 통틀어 가장 규모가 큰 백화점이었을 뿐 아니라, 부유한 상류층들이 주로 이용하는 장소로 유명했다.

시원하게 뻗어 있고, 선은전 광장을 오가는 사람들이 개미처럼 꼬물꼬물 움직인다.

옥상 정원의 양식당은 전망을 즐기며 여유롭게 식사를 하고 커피를 마시는 손님들로 북적거린다. 식당 한쪽에서는 아이스크림도 판매한다. 물론 행상들이 어깨에 메고 다니며 파는 싸구려와는 다른 고급 아이스크림이다. 한마디로 별세계이다. 참, 이곳은 제비 다방에서 만났던 이상이 날개가 돋기를 꿈꾸었던 장소이기도 하다.

날개야, 다시 돋아라. 날자, 날자. 한 번만 더 날자꾸나. 한 번만 더 날아 보자꾸나.

-이상, <날개> 중에서

경성유람버스를 타고 남산으로

후유, 새벽부터 줄기차게 걸은 데다가 내리쬐는 따가운 봄볕에 기진맥진해서 길가에 주저앉고 만다. 미쓰코시백화점에서 다음 일정인 남산까지 걸어가려니 슬슬 꾀가 난다. 이럴 땐 경성의 '시티 투어'를 이용하는 게 정답!

경성자동차주식회사에서 운행하는 '경성유람버스'를 이용하는 게 좋겠다. 두 가지 관광 코스가 있는데, 그중에서 경성역을 출발해 남대문을 거쳐 조선신궁과 경성신사, 장충단을 지나 박문사로 향하는 코스가 적당하다.

오전 9시와 오후 2시, 하루에 2회 경성역 앞에서 출발한단다. 요금은 대인 2원 20전, 소인 1원 10전이다.

남대문 앞에 도착하자마자, 마침 시간
이 딱 맞아서인지 금세 버스가 다가온다.
평일이라 그런지 버스 안에 일본
인과 서양 관광객이 드문
드문 앉아 있고, 빈자
리가 꽤 눈에 띈다.

"이곳은 조선신
궁입니다."

버스의 여성 차장
이 주요 관광지에 설

전차뿐 아니라 경성을 구경하는 유람 버스도 있었다. 경성역에서 출발해서
남산 신사—총독부—창경원—본정 거리 등을 들러 구경하는 노선이었다.

때마다 간단하게 소개해 준다.

"조선신궁은 1925년에 세워졌습니다. 일본 황실의 조상인 아마테라스
오미카미와 메이지 천황을 모십니다."

한마디로 일본의 신들을 제사 지내는 궁전이다. 일제는 천황과 천황의
조상을 신으로 숭배한다는 사실을 떠올리는데, 이때 기모노를 입은 일본인
들이 우르르 내린다.

창밖을 내다보자 아담한 남산을 깎아 만든, 거의 수직처럼 가팔라 보이
는 384개의 돌계단이 보인다. 그 입구에 세워진 커다란 '도리이(鳥居, とり
い)'가 흉물스럽게 느껴진다. 도리이란, 일본에서 신성한 장소의 입구에 세
우는 기둥문이다. 저 위로 제사를 지내는 건물들이 죽 늘어서 있겠지.

사실 이곳은 조선의 태조가 남산에 세운 국사당(무학 대사와 여러 수호신
을 모신 곳)을 인왕산으로 옮기고, 한양 도성을 철거하면서 만든 곳이다.

1936년 이후에는 수많은 조선인들이 일제의 신사 참배를 강요받은 곳이기도 하다.

부릉부릉, 경성유람버스가 다시 출발한다.

"이곳은 장춘단공원입니다."

수표교 위에서 한가로이 데이트를 즐기는 청춘 남녀가 보인다. 물가에는 아이들이 뛰어놀고 있다. 장춘단은 1900년에 고종이 명성황후 시해 사건 때 살해된 이경식과 홍계훈의 충절을 기리기 위한 만든 제단이다. 이듬해

남산 왜성대의 총독 관저(1906). 바위 위에서 소학교 학생들을 모아 놓고 연설하는 인물이 조선 초대 통감으로 부임한 이토 히로부미이다.

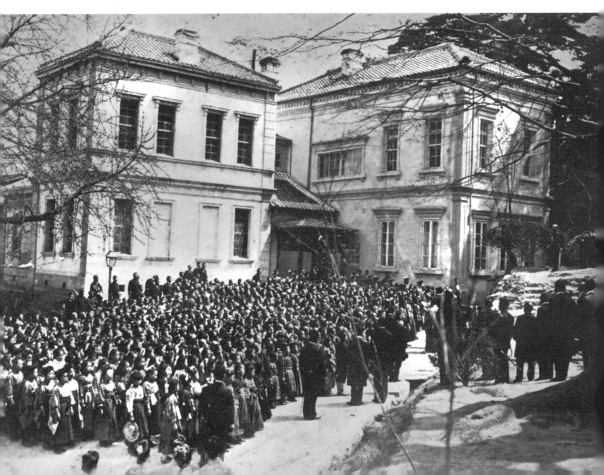

부터 나라를 위해 목숨을 바친 이들의 위패도 같이 모셨다.

1919년에 일제는 장충단을 공원으로 만들어 버렸다. 오늘날로 치면 국립 현충원을 관광객들이 놀러 다니는 공원으로 만든 셈이다.

"이곳은 박문사입니다."

경성 유람 버스의 마지막 도착 지점이다. 모든 승객이 버스에서 내린다. 버스에서 내려 몇 발짝 걸으니 박문사 정문이 나온다.

앗, 저 문은 경희궁의 정문인 흥화문이다. 궁궐의 정문을 떼어다가 이름까지 '경춘문'으로 바꿔서 여기다 세워 놓다니! 박문사는 조선 침략의 원흉인 초대 통감 이토 히로부미를 기리는 절이다. 우리 시대 신라호텔 영빈관 자리이다. 마음이 답답한 나머지 무작정 남산을 걸어 올라간다.

'왜 하필이면 남산에다 조선신궁, 경성신사, 박문사 같은 일제를 위한 건물들을 많이 지은 거지?'

화가 나서 씩씩거리며 걷다 보니 왜성대가 나온다. 왜성대는 임진왜란 때 일본군이 주둔한 데서 유래한 이름이다. 그곳에 키 큰 나무로 둘러싸인 이 층짜리 목조 건물이 서 있다.

바로 조선 총독 관저다. 어쩐지 주변의 경계가 삼엄하더라니. 아, 그렇다면 저 건물이 경술국치의 현장이구나! 1910년 8월 22일, 테라우치 통감과 이완용이 한일 병합 조약에 서명한 곳. 마치 한일 병합 조약의 치욕스런 현장을 목격한 것처럼 가슴속 깊은 곳에서 분노가 치밀어 오른다.

아, 그렇구나! 이제야 남산이 일제의 소굴이 되고 남촌이 일본인 거류지가 된 것이 이해가 된다. 임진왜란 때도 남산은 왜성대를 중심으로 한 일본인들의 거점이었다. 눈앞의 건물은 원래 일본 공사관이었던 곳이 통감 관저로 바뀌었다가, 한일 병합 이후 조선 총독 관저로 바뀐 것이다.

남산 중턱에 앉아서 경성 시내를 내려다본다. 시원하게 굽이쳐 흐르는 한강을 보니 마음이 차분해진다. 저 멀리 한강 철교가 보인다. 노량진역과 용산역을 잇는 최초의 한강 다리이다. 철교 위로 기차가 달린다. 그 옆으로 인도교도 보인다.

차도 옆에 설치된 보도 위로 사람들이 쉴 새 없이 지나다닌다. 여름철 '하나비', 그러니까 불꽃놀이가 열릴 때면 다리가 휘청거릴 정도로 인파가

남산 중턱에서 내려다본 조선신궁. 저 멀리 오른쪽 상단에 경성역이 보인다.

몰린다고 한다. 한강에서 보트를 타고 데이트를 즐기는 연인들의 모습도 눈에 띈다.

남산에서 한강을 바라본다. 이러거나 저러거나 한강은 무심히 흐른다. 석양이 한강을 붉게 물들인다.

경성의 핫 플레이스, 본정에 가다

땅거미가 내려앉자 가로등이 하나둘씩 켜진다. 초롱꽃 모양의 갓을 씌운 전등이 가로등마다 줄지어 달려 있다. 이 거리의 밤은 전등이 초롱꽃처럼 화려하게 피어날 때 비로소 생기가 돈다.

거리는 초롱꽃 가로등과 휘황찬란한 상점의 조명, 그리고 청색 황색 녹색 등이 깜빡거리는 네온사인이 뒤범벅되어 불야성을 이룬다. 상점에서 내건 현수막들이 봄바람에 펄럭거린다. 모두 일본어로 씌어 있다. 간판도 일본어다. 거리에서, 상점에서, 카페에서 일본어만 들린다.

거리마다 요란한 재즈 선율이 흘러나온다. 또각또각 경쾌하게 들리는 하이힐 소리와 잘 어울린다. 가로등 불빛을 받은 상점의 유리창이 반짝반짝 빛난다. 유리창은 파리도 미끄러질 듯 깨끗이 닦여 있다. 조명을 받아 번쩍이는 상품들이 거리의 군중들을 유혹한다.

밤거리로 사람들이 쏟아져 나온다. 골목골목 사람들이 넘친다. 모두 도시의 밤을 즐기러 먼 곳에서 일부러 찾아온 사람들이다. 근대 도시는 '길거리' 체험에서 진정한 즐거움을 느낄 수 있다. 기모노를 입은 일본인들이 제일 많지만, 최신 유행하는 양복과 양장으로 휘감은 조선인들도 흔하다. 과

감하게 노출한 이브닝드레스를 입고 하이힐을 신은 여성, 단발에 기모노를 입은 여성들이 거리 곳곳에 넘쳐난다. 첨단 패션이 넘치는 이 거리에서 식민지의 가난과 불황을 눈치채기는 여간해서 쉽지 않다.

우리는 본정(本町, 혼마치) 입구에 서 있다. 본정은 일본인들이 '도시의 중심 거리'에 쓰는 말이다. 고유 명사가 아니라 그 도시에서 가장 번화한 중심가를 가리키는 일반 명사이다. 본정은 경성뿐 아니라 도쿄나 오사카에도 있고, 일제 강점기의 부산과 군산에도 있다. 경성의 본정은 지금 신세계백화점 맞은편인 충무로 일대이다.

원래 이곳은 '진고개'라고 불렸다. 지금의 중국 대사관 뒤편 충무로2가 쪽이 언덕길인데, 고개가 높지는 않지만 비만 오면 진흙투성이로 바뀌어 붙은 이름이다. 경성의 본정은 도쿄에서 가장 번화한 거리에 빗대어 '경성의 긴자'라 불리기도 한다. 그도 그럴 것이, 거리 풍경만으로는 여기가 도쿄인지 경성인지 구별이 안 갈 지경이다.

도로 폭이 넓지는 않지만 거리 양쪽에 서양식 건물과 일본식 가옥이 늘어서 있다. 히라타백화점, 미나카이백화점, 나카무라오복점(일본 전통 옷감과 장신구를 파는 가게), 경성극장, 코야마양가구점, 혼마치호텔같이 큼직큼직한 건물들, 그리고 우동 파는 집, 메밀국수 식당, 빙수 가게, 단팥죽 집, 화과자 가게, 서점, 카페 같은 자잘한 상점들이 우후죽순으로 생겨났다.

본정 거리는 '박래품'을 파는 상점들로 가득하다. 박래품이란 다른 나라에서 배로 실어온 물품을 가리킨다. 일제 강점기에 박래품은 대부분 일본을 통해 건너온 서양 물건들이다.

우리가 흔히 사용하는 '양(洋)' 자가 접두어로 붙어 있는 단어는 '서양의',

'서양식'이라는 뜻이다. 오래전부터 써 온 단어로 착각하기 쉬운 '양말'은 19세기 말에 들어온 '서양식 버선'이라는 뜻의 신조어이다. 양말, 양복, 양산, 양품, 양화, 양식, 양행도 마찬가지다.

1930년대 경성에는 자본주의의 소비문화와 대

본정 입구. 전국 각지에서 구경 온 사람들로 북적북적하다. 거리에서 일본어 간판 외에는 찾아보기 힘들 정도다.

본정 거리로 들어가는 입구. 선은전 광장의 경성우편국 건물 바로 옆이었다.

◆ 1930년대 본정 거리의 모습(위). 양쪽으로 상가가 빽빽하게 밀집해 있다. 현대의 쇼핑몰과 비슷해 보이기도 한다. 아래 사진은 본정 거리의 야경이다.

중문화가 꽃을 피운다. 속사정이야 어떻든지 경성의 겉모습은 근대 도시의 모습을 띠게 되었으니까. 그 가운데서도 본정은 일본을 통해서 들어온 서양의 근대 문화를 체험하고 누리는 '근대화의 길목'이 되었다.

이런 근대의 이미지를 소화하기 위해 불을 향해 달려드는 부나방처럼 몰리는 이들이 있다. 바로 '혼부라'들이다. 본정의 일본어 '혼마치'와 어슬렁어슬렁의 일본어 '부라부라'를 합성한 단어이다.

혼부라는 '긴부라'라는 말에서 나왔다. 긴부라는 일본 도쿄의 긴자 거리를 어슬렁대는 젊은이들을 가리킨다. 이 말을 그대로 경성에 적용해서 본정 거리를 어슬렁대는 젊은이들을 혼부라라고 부르는 것이다.

밤이 깊어질수록 혼부라들이 본정 거리로 몰려든다.

못된 보이, 못된 걸을 만나다

이렇게 본정 거리에 몰려드는 젊은이들을 '모던 보이', '모던 걸'이라고도 부른다. 1920년대 후반에서 1930년대 초반, 경성에서 새로운 스타일의 옷, 머리, 장신구를 선보이며 등장한 신세대 남성과 여성들을 가리킨다. 우리가 '386 세대' 'IT 세대' 같은 이름으로 한 세대의 특징을 요약해서 부르는 걸 떠올리면 이해하기가 쉬울 것이다.

우리가 본 모던 걸들은 하나같이 무릎이 보일락 말락 하는 짧은 스커트에 살색 스타킹을 신었다. 앞이 뾰족한 하이힐을 신고 끈이 짧은 핸드백을 어깨에 멨다. 모던 걸들은 햇살이 따가운 봄에는 화려한 꽃무늬 양산을 들고, 추운 겨울에는 여우 목도리를 목에 두르고 다닌다.

1927년 의창상회 모자 광고. 모던 보이의 모습을 상상해 볼 수 있다.

1920년대 말에는 손목에 찬 황금 시계와 보석 반지를 자랑하느라 전차에 빈자리가 나도 앉지 않고 팔을 쭉쭉 뻗어 손잡이를 잡고 있는 모던 걸들의 '장신 운동'이 화제가 되었다.

모던 걸 중에서도 고녀생인 여학생들이 단연 패션 리더이다. 여학생이 첨단 패션을 선보이면 카페 종업원이나 기생이 따라 하는 식이다. 여학생 패션이라고는 해도 돈만 있으면 누구나 따라 할 수 있지만.

모던 보이들은 맥고모자에 양복을 입고 흰 구두를 신는다. 양복 안에는 와이셔츠를 갖춰 입고 매듭을 묶은 넥타이나 나비 모양의 보타이를 맨다. 동그란 로이드 안경테를 쓰고 손에는 지팡이를 든다. 서양 영화의 주인공 패션을 흉내 내어 구레나룻을 기르거나, 나팔바지를 입고 거리를 활보하는 이도 있다.

경성에서는 창경원 야간 벚꽃놀이, 남산길 드라이브, 한강 보트 놀이, 그리고 본정의 밤거리 산책이 데이트 코스로 손꼽힌다. 조선 시대 한양에서 숙녀와 군자가 좋은 짝이었다면, 1930년대 경성에서는 모던 걸과 모던 보이가 어울리는 짝이다.

모던 보이와 모던 걸은 경성을 휩쓴 파격적이고 현대적인 유행을 이끌었다. 서구의 문화를 동경하며 서구풍의 패션으로 자신들의 욕망을 적극적으로 표현했다고나 할까? 주로 패션에서 두드러지게 자신을 드러냈다곤 하지만, 한편으로는 근대 사상과 의식에 눈뜬 세대이기도 하다. 이런 모던 보이와 모던 걸에 대한 사람들의 반응은 엇갈린다.

"멋지다." "신기하다." "부럽다."

"사치스럽다." "허영덩어리다." "노출이 심하다." "철부지들이다."

모던 보이와 모던 걸을 비판하는 사람들은 퇴폐적이고 불량하다는 뜻에서 '못된 보이', '못된 걸'이라고 부르기도 한다.

우리는 모던 보이와 모던 걸을 보며 마음이 복잡해진다. 1930년대 중반, 모던 걸 중에 그나마 여유 있는 계층은 극소수의 여학생과 전문직 여성뿐이었다. 전문직 여성이라고 해도 전화 교환수, 백화점 여직원, 숍 걸, 버스 차장 같은 단순 서비스업에 종사하는 여성들이다. 나머지는 카페 여종업원과 기생이 여학생을 흉내 내는 것이다.

모던 보이라고 딱히 사정이 나은 것도 아니다. 일본에 유학을 갔다 온 지식층이라고 해도 안정된 직장을 구하기가 힘들었다. 가난한 인텔리가 할 수 있는 일이라곤 부유한 모던 보이 시늉을 내며 싸구려 양복을 구해 입고 카페에서 커피 한 잔 마시는 것뿐이었다. 이것이 모던 보이와 모던 걸이 '못 된' 못된 보이와 못된 걸의 진짜 모습일지도 모른다.

◆ 경성의 긴자로 불렸던 1930년대 본정 거리. 대략 충무로1가~3가에 해당하는 거리인데, 그중에서도 충무로2가 진고개가 중심이었다. 위 이미지는 본정 거리의 상점을 홍보하는 광고지이다. 지도 위쪽의 광고지는 왼쪽에서부터 타카기금은방, 무라키시계점, 야마구치악기점, 미시루야양품점, 아사히악기점을 홍보하고 있다. 전부 본정 거리에 있던 상점들이다.

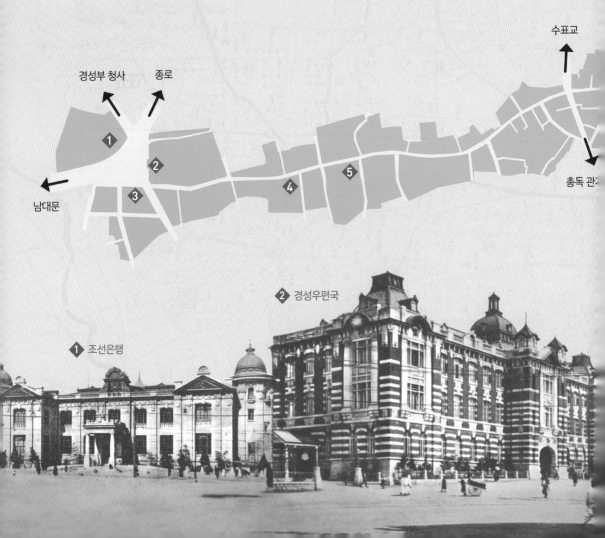

관수교

동대문

헌병사령부

장충단공원

③ 미쓰코시백화점

④ 미나카이백화점

⑤ 혼마치호텔

◆ 〈모던 걸의 장신 운동〉. 모던 걸들이 고급 시계를 자랑하기 위해 앉을 자리가 있어도 전차 손잡이를 잡고 서서 가는 유행을 풍자한 만화이다.

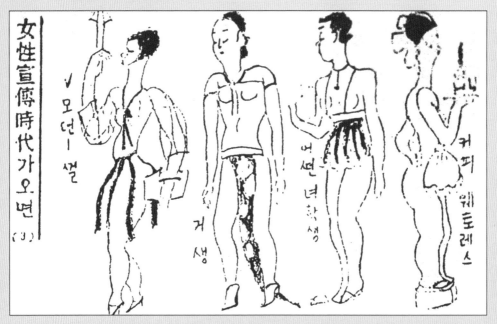

◆ 1930년대 조선일보에 실린 만문 만화 〈여성 선전 시대가 오면〉. 당시 사람들의 눈에 모던 걸의 이미지가 어땠는지 짐작할 만하다.

비행기 타고도 쫓아가기 힘든 유행

푸른색이 대유행인가 보다. 본정에서 만난 모던 걸들은 한결같이 푸른색 옷을 걸치고 있다. 가판대에 널린 잡지를 슬쩍 보니, 여름에는 그린색과 핑크색이 유행할 거라는 기사가 대문짝만하게 실려 있다.

경성은 유행이 빠르게 지나간다. 오죽하면 '비행기를 타고도 쫓아가기 힘든 게 유행의 속도'라는 말이 나왔을까.

'유행이 유행한다.'

유행이란 게 참 무섭다. 유행이 아니면 감히 꿈꾸어 보지도 못할 행동을 너도나도 쉽게 따라 한다. 유행은 '저게 뭐야?'라고 흉보던 사람들도 하나둘씩 그 물결에 휩쓸리게 만드는 강력한 힘을 갖고 있다.

1929년에 개봉한 프랑스 코미디 영화 〈몽 파리〉가 유행시킨, 거미줄보다도 설핏한 얇은 옷감으로 만든 '시스루 룩'만 해도 그렇다. 유행이 아니라면 누가 감히 1920년대 말 경성에서 속이 훤히 비치는 옷을 입을 생각을 할 수 있었을까? 〈몽 파리〉는 도쿄에 이어 경성에서도 크게 인기를 얻으면서 프랑스, 일본, 조선을 '몽 파리' 패션으로 하나가 되게 했다.

이처럼 영화는 '이미지'라는 막강한 무기를 지니고 있다. 경성에서 상영되는 대부분의 영화는 미국 할리우드 영화나 유럽 영화인데, 서구 영화에 등장하는 주인공의 외모, 패션, 행동 하나하나가 부러운 '이미지'로 탈바꿈했다. 여성의 이상적인 외모가 서구형 미인으로 바뀐 것도 이때부터다. 흰 피부, 오똑한 콧날, 가늘고 긴 목덜미……, 모두 백인 여배우의 이미지에서 온 것이다. 예전에는 치마폭에 꽁꽁 감추던 다리를 과감하게 내놓고, 쭉 뻗은 각선미를 선호하게 되었다.

유행은 옷에서 시작해서 머리 모양, 대중가요, 취미 생활 같은 영역으로 전염병처럼 무섭게 번져 나간다. 영화와 더불어 축음기도 유행에 절대적인 영향을 끼쳤다. 1932년에 〈황성의 적(황성 옛터)〉이 레코드로 발매되면서 폭발적인 인기를 끌었다.

황성 옛터에 밤이 되니 월색만 고요해
폐허의 설운 회포를 말하여 주노나
아 외로운 저 나그네 홀로 잠 못 이뤄
구슬픈 벌레 소리에 말없이 눈물 지어요.

나라 잃은 설움을 애상적인 가락으로 달래 주는 트로트가 사람들의 심금을 울린 것이다. 이때 레코드의 인기는 우리의 상상을 훌쩍 뛰어넘는다. 일 년에 백만 장이 넘게 팔려 나갔다. 집집마다 축음기를 갖춰 놓았고, 거리거리마다 대형 스피커에서 음악이 흘러나온다.

계동 저택만 봐도 그렇다. 두취는 예전에 공연장에서나 듣던 잡가, 판소리, 민요, 가야금 병창이나 인기 트로트, 〈낙화유수〉 같은 영화 주제가가 담긴 레코드판을 골라 축음기로 감상한다. 고보생은 라디오를 듣거나 카페에서 재즈, 팝송, 샹송, 라틴 음악을 듣는다. 빈털터리 행랑아범조차 신민요인 〈오동나무〉를 어디선가 듣고 연방 흥얼거린다.

이런 유행을 타고 가수들은 우리 시대 아이돌 못지않은 인기를 누린다. 평양 기생 출신 가수 왕수복은 1934년에 '전 조선 인기 가수 투표'에서 1위를 차지해 전국에 명성을 떨쳤고, 〈타향살이〉를 부른 가수 고복수가 극장

문을 나서면 장안의 기생들이 인력거를 대어 놓고 서로 모셔 가려고 난리를 피웠단다.

경성에서는 유행의 열풍이 1920년부터 불기 시작해 1930년대에 정점을 이루는데, 그 시기는 조선이 일본의 상품 시장으로 서서히 자리를 잡아 가는 과정과 일치한다.

"이랏샤이마세!" 카페의 신풍속도

본정을 걷다가 목도 축이고 다리도 쉴 겸 해서, 으슥한 골목길에 있는 카페에 들어간다. 본정 산책에는 카페 순례가 필수 코스란다. 그래서 그런지 본정 거리에는 여기도 카페, 저기도 카페, 온통 카페 천지다.

여급 대모집

본정 거리를 걷다 보면, 카페에서 일하는 여종업원을 구하는 광고를 심심치 않게 볼 수 있다. 카페 창문마다 구인 광고가 닥지닥지 붙어 있다. 카페에 들어서자, 종업원들이 일제히 큰 소리로 인사한다.

"이랏샤이마세!(어서 오십시오!)"

일본에서 종업원들이 손님을 맞이할 때 건네는 말이다. 일본어 인사말이 경성의 식당, 카페 어디에서 울려 퍼진다.

카페 안은 어두컴컴하다. 한참 지나서야 눈이 어둠에 익숙해진다. 실내는 서양식으로 꾸며져 있다. 널찍한 카페 안에는 손님이 앉는 좌석들이 있고, 가운데에는 텅 빈 홀이 있다.

'저 홀은 뭐 할 때 쓰는 거지?'

고개를 갸웃거린다. 네모난 테이블을 가운데 두고 양쪽으로 놓인 벨벳으로 된 소파에 앉는다. 오래된 경양식집 분위기다.

"하나코상, 가루피스 한 잔, 커피 두 잔!"

옆 테이블에서 일본어로 음료를 주문한다. 본정의 카페 여종업원은 양장을 하거나 기모노를 입은 일본 여성들이다. 조선 여성이라도 하나코, 기미코, 시즈코같이 '코(子)'로 끝나는 이름을 많이 쓴다. 간혹 멋을 부려 '라라' 같은 서양식 이름을 쓰는 이도 있다.

1930년대 본정 거리에서 가장 유명했던 카페 마루비루(왼쪽). 1926년에 개업한 마루비루는 건물 일 층과 이 층 모두 카페였다. 한 일본 기자는 여종업원이 전부 내지인이라는 기사를 쓰기도 했다. 오른쪽은 카페의 일 층 내부 모습.

"가루피스!"

옆 테이블과 똑같이 경성에서 인기라는 청량음료를 주문한다. '칼피스'의 일본식 발음이란다. 한쪽 모퉁이에 서양 술인 위스키 병과 잔이 진열되어 있다. 그 아래로 아사히, 삿포로, 쇼와기린 등 일본 맥주병이 보인다. 카페에서 술과 커피, 청량음료를 다 파는구나! 술을 주문한 테이블에서는 여종업원이 맥주나 위스키를 따르며 시중을 든다.

주문한 가루피스가 나온다. 빨대로 한 모금 쭉 빨아 마신다. 애개개, 이게 뭐람! 우유에 탄산을 섞은 밍밍한 맛이다.

카페 안은 끈적끈적한 재즈 선율로 가득하다. 축음기에서 새로운 재즈곡이 나올 때마다 짧은 치마에 하이힐을 신은 여종업원이 어깨를 흔들흔들, 엉덩이를 실룩실룩 흔들며 교태를 부린다.

카페 안을 휘둘러본다. 카페 손님들 구경이 사뭇 재미있다. 아이스커피한 잔을 시켜 놓곤 남녀가 머리를 맞대고 번갈아 가며 빨대로 쪽쪽 빨아먹는다. 재즈 선율에 맞춰 눈썹을 치올렸다 내렸다 하는 묘기를 부리는 모던 보이도 있다.

"앗, 저 친구는?"

깜짝 놀라 시선을 뚝 멈춘다. 서너 명의 사내 녀석들이 재즈 선율에 맞춰 몸을 흐느적거리고 있는데, 그 가운데 계동 저택의 둘째 아들, 고보생이 사복을 입고 버젓이 앉아 있는 게 아닌가? 수학 강습소에 있어야 할 고보생이 이 시각에 여긴 웬일이지?

공부가 지겨운 고보생이 강습소를 젖히고 땡땡이를 부린 모양이다.

밤이 무르익자, 음악이 블루스로 바뀐다.

당시 카페에서 유행하던 인삼 커피 캔. 갈색 병은 일본의 기린 맥주이다.

실내조명이 한층 더 어두워진다. 카페 안의 손님들이 홀로 쏟아져 나온다. 카페에서 처음 만난 남녀가 부둥켜안고 블루스를 춘다. 이제야 텅 빈 홀의 쓰임새를 알아차린다. 더 이상 머물기가 곤란해 허겁지겁 밖으로 나온다.

몇 발자국이나 걸었을까?

"풍기 단속이다!"

방금 나온 카페 안에서 갑자기 비명이 흘러나온다. 카페에

순사들이 들이닥친 것이다. 춤을 추던 청춘 남녀들이 삽시간에 뿔뿔이 흩어진다. 순사에게 잡히면 경찰서에 끌려가 봉변을 당하기 일쑤다. 걱정스런 마음에 걸음을 멈추고 지켜본다.

카페 뒷문으로 고보생이 빠져나와 냅다 뛴다. 일본에서는 댄스홀이 합법이지만 조선에서는 불법이다. 궁여지책으로 조선인들은 댄스홀 대신 카페에서 춤을 춘다.

본정의 밤거리는 유흥을 즐기는 사람들로 비틀거린다. 만주에서, 상하이에서, 경성에서, 독립운동을 하다가 고문을 받고 죽는 이들이 있는 반면, '기미코 상!' 하며 카페 여종업원을 부르고, 기모노를 입고 게다짝을 끌며 일본인 흉내를 내는 조선인도 있다.

이것이 경성 본정의 모습이다. 일제 강점기 조선을 휩쓴 불황의 그림자가 본정 거리에서는 보이지 않는다. 식민지의 억압과 통제, 실업과 빈곤, 남촌과 북촌의 격차, 빈부의 격차 역시 가리워진다.

본정 거리를 벗어나는데 눈먼 일본인 할머니가 어린 딸을 앞세우고 일본 전통 현악기인 샤미센을 타며 동냥을 한다. 일제 강점기에 수많은 일본인들이 현해탄을 건너 조선으로 왔다. 그런 일본인 중에 별의별 사람이 다 섞여 있을 것이다.

전차를 타고 본정에서 계동 저택으로 돌아갈 시각이다. 아, 아니다. 그 전에 들를 곳이 있다. 바로 두취가 주최하는 저녁 모임!

경성의 단꿈, 욕망의 '리틀 도쿄'
근대 소비문화의 발달과 확산

여기는 포목 주단실이다. 울긋불긋한 온갖 비단이 산같이 쌓여 있다. 여러 남녀
가 서서 자기의 건강과 청춘을 빛낼 여러 가지 옷감을 고르고 있다. 그중에 40여
세쯤 되어 보이는 남자 한 분은 소녀 두 명을 데리고 색이 찬란한 여러 가지 비단
을 이리 만지고 저리 만지고 있다.

"아부지, 난 이 목련꽃 무늬를 놓은 치마가 좋아요." [중략]

"안 돼, 네겐 너무 과하다. 그건 기생이나 입는 게다. 못써."

"싫어요, 난 그게 좋아."

-'백화점 풍경',《조광》, 1937년 4월

'포목 주단실'이라는 낯선 단어만 없으면 요즘 백화점에 옷을 사러 간 부녀의
대화라고 해도 전혀 어색하지 않다. 위의 글은 1930년대 상류층, 즉 부르주아라
불리던 사람들의 일상을 취재한 르포 중에서 백화점에서 볼 수 있는 일상적인
풍경을 그린 부분이다.

일제 강점기 소비문화의 상징은 백화점과 카페였다. 당시 날품팔이 남성 노
동자의 일당이 1원을 넘지 못했는데, 백화점에서 파는 외제 사진기는 100원, 카
페에서 파는 맥주 한 잔은 40전이었다. (당시 1원은 100전이었다.)

본정에 이어 종로에도 백화점이 생기면서 그야말로 전성기를 맞이한다. 백화

점이 성행한 이유는 굳이 물건을 사지 않아도 마음껏 구경할 수 있다는 점, 가격을 흥정할 필요가 없다는 점 등을 들 수가 있다. 돈만 있으면 누구나 손님 대접을 받을 수 있다는 점도 백화점이 열풍을 일으킨 이유 중 하나였다.

본정 거리를 가득 채운 카페들 역시 근대 문화를 상징하는 대표적인 공간이었다. 전통적인 요정과 달리, 이름부터 이국적인 '카페'는 서구적인 유행을 주도한다고 여기던 지식인과 모던 보이, 모던 걸들로 북새통을 이루었다.

1930년대 초반 무렵에는 전통적인 동네라 여겨지던 북촌과 종로 주변까지 카페가 퍼져, 종로에만 수백 명이 넘는 여종업원들이 근무했다고 한다. 말 그대로 경성은 '리틀 도쿄', 본정 거리는 '경성의 긴자'와 다름이 없었다.

근대적인 소비문화를 이끈 백화점과 카페는 일본의 공장에서 만든 물건을 앞장서 식민지에 판매하는 역할을 했을 뿐 아니라, 전통적인 방식으로 물건을 생산, 판매하던 중소 상인들을 몰락으로 이끄는 신호탄이 되었다.

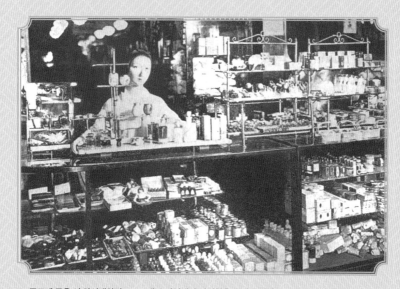

◆ 종로에 문을 연 화신백화점(1936). 내부 진열대가 화려함을 뽐내고 있다.

경 성 여 행 안 내 도

서대문
형무소

독립문

서대문

경회루

박물관

광화문

건춘문

조선
총독부

창덕궁

창경원

돈화문

종묘

체신국

경기
도청

화신
백화점

파고다
공원

You are here!

종 로

남
대
문
통

보신각

경성부
청사

방송국

법원

덕수궁

대한문

조선
호텔

조지아
백화점

조선
은행

동척
지점

경성
우편국

명동
성당

본 정

남대문

미쓰코시
백화점

미나카이
백화점

조선
신궁

적십자
원

총독부
관저

경성
신사

경성역

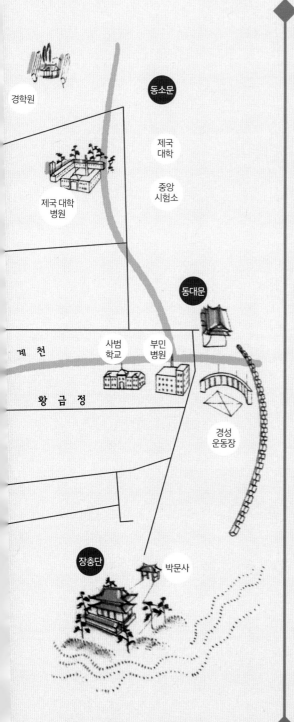

경학원

동소문

제국
대학

중앙
시험소

제국 대학
병원

동대문

계 천

사범
학교

부민
병원

황 금 정

경성
운동장

장충단

박문사

8

한밤중
계동 저택에서

때 | 저녁 무렵
장소 | 본정 거리 ⇨ 종로
　　　⇨ 북촌의 계동 저택

　　고보생은 조선의 장래를 두 어깨에
짊어질 마음이 결단코 없다. 한일 병합 뒤에
태어난 세대로서, 사라진 옛 왕조에 대해
잘 모를뿐더러 굳이 알고 싶은 마음도 없다.
조선을 다스리는 일제와 조선 총독부를
자연스럽게 받아들인다.

조선 요리옥 명월관에서 속닥속닥

두취가 탄 자동차가 고급 요릿집인 명월관 앞에 멈춰 선다. 두취가 조선 총독부 고위 관리와 경성의 기자들을 요릿집으로 불러 모았다. 두취가 평의원으로 활동하는 경성 라디오 방송국의 기자도 도착했다.

명월관 입구에서 보이(boy)의 안내를 받아 예약해 놓은 특실로 들어간다. 보이란, 요리옥에서 일하는 남자 종업원을 일컫는 말이다.

"이랏샤이마세!"

조선인 보이들이 일제히 외치는 일본어 인사말이 경쾌하게 공간을 가른다. 일본 요리옥의 인사말이 조선 요리옥까지 침투했다. 일본어 인사말이 모던한 것으로 들리는 까닭일 것이다. 특실에는 사군자 병풍이 둘러서 있고, 주단 방석이 양쪽으로 쫙 깔려 있다. 기자들은 자리에 앉아 두취가 도착하기를 기다리고 있다.

오늘은 두취가 '조선미 문제'를 해결하기 위해 일본에 갔다 온 성과를 자랑하는 날이다. 조선미 문제는 1920년부터 일본의 쌀 부족을 해결하기 위해 조선의 쌀 생산량을 대폭 늘린 데서 비롯한다. '산미 증산 계획'이라고

조선 요리옥인 명월관은 분점이 있을 정도로 유명했다. 명월관의 연회장에서 기생들이 공연을 하고 있다.

도 하는데, 일제가 조선을 식량 및 원료 공급지로 만든 식민지 수탈 정책 중 하나이다.

일본의 쌀 가격 안정을 위해 엄청난 양의 조선 쌀이 일본으로 보내졌다. 쌀 증산 정책으로 조선의 농업 생산력이 높아진 건 사실이다. 하지만 그 몫은 고스란히 지주에게로 돌아갔다. 토지가 없는 소작농들은 비료 값과 농자금, 수리 조합비를 갚지 못해 더욱더 빚에 쪼들렸다. 결국 농민들은 고향을 떠나 경성에서 토막민이 되거나 만주로 향했다.

그런데 뜻밖에도 풍작이 되는 바람에 또 다른 문제가 불거졌다. 풍년이 되어 쌀 생산량이 늘어나자 일본에서 쌀 가격이 폭락했고, 일본 농민들이 조선 쌀 수입을 억제하라고 연일 폭동에 가까운 시위를 벌였다.

두취는 조선 총독부와 일본의 정계 인사들 사이에서 두터운 인맥을 쌓고 있다. 이 문제를 해결하고자 현해탄을 건너가서 뛰어난 외교 수완을 발휘했다. 일본 농무과장과 동양척식회사 총재를 만나서 조선 쌀을 월별로 일정량만 수입하는 게 좋겠다는 의견을 내놓았다. 그러고는 일본 수상을 만나 말끔하게 마무리를 하고 온 것이다.

마지막으로 조선 총독부의 고위 관리가 도착한다. 두취가 이번 방일 협상에 큰 도움을 준 일본인 공작을 입에 침이 마르도록 칭찬한다.

"공작님을 뵐 때마다 그 온화한 모습에 깊은 감명을 받습니다. 진정 인격자의 모습이십니다."

두취는 이번에 부임한 조선 총독부의 고위 관리에게 계동 저택으로 한번 모시겠다고 약속한다. 계동 저택의 가든파티는 새로 부임하는 조선 총독부 관리들에게 선보이는 호사스러운 통과 의례라고 할 수 있으니까.

명월관에서는 신선로, 닭 잡채, 전복초, 대하찜 같은 맛깔스러운 조선의 고급 요리가 풍성하게 차려졌다. 가까이 다가가서 보니, 신선로 그릇에 일본식 스키야키를 담았다. 왜간장으로 간을 맞추고 아지노모도를 잔뜩 뿌린 엉터리 조선 음식이다. 이곳에서는 조선 약주는 물론이고 일본 청주와 맥주, 위스키가 아낌없이 제공된다.

본격적인 주연이 펼쳐지기 전에 두취가 일장연설을 한다.

"'일한 병합' 이후, 내지와 외지, 일본인과 조선인은 완전히 하나의 국민이 되었습니다. 조선인은 자랑스러운 제국의 신민이 되었습니다. 선각자의 위치에 있는 일본인이 조선인을 잘 이끌어, 물에 기름이 아니라 물과 물이 섞이는 것처럼 두 민족이 잘 융화되기를 진심으로 바랍니다."

두취의 연설이 끝나자 우레와 같은 박수가 터져 나온다. 기자들 입에서 두취의 원만한 문제 해결 능력, 따뜻한 품성, 극진한 배려, 고매한 인격을 칭송하는 소리가 흘러나온다. 여기서 친일파 두취의 진짜 얼굴을 본다. 조선과 일본이 하나 되기를 바라는 게 그의 '진심'이었던 것이다!

"물 수 없다면 짖지도 마라."

일제 강점기 최고 지식인인 윤치호는 이렇게 말했다. 친일파 윤치호의 의도가 느껴진다. 한때 민족의 지도자였던 최남선과 이광수도 변절한 지 오래다. 윤치호마저 최남선을 가리켜 '한때 청년들의 우상이었는데, 지금은 암적인 존재로 전락했다.'고 비판할 정도였다.

최남선은 조선사 편수 위원회에서, 이광수는 동아일보에서 일제의 입장을 대변한다. 나라를 빼앗긴 지 십수 년이 지나자 몇몇 사람들 사이에서 독립과 해방에 대한 희망이 옅어진 게 현실이다. 그들 역시 조선과 일본의 융합을 '진심'으로 바랐을지도 모른다.

명월관에서 술잔이 바삐 오간다.

"일한 양국을 위하여!"

유쾌하게 건배를 외치는 소리가 드높다.

"내지와 외지를 잇는 다리 역할을 영원히 하시길!"

조선 총독부 고위 관리의 덕담에 두취의 기분이 최고조에 달한다.

밤이 깊어지면서 본격적인 주연이 시작된다. 기생들이 들어와 풍악을 울리며 빙글빙글 춤을 춘다.

일제 강점기에 등장한 명월관, 식도원, 국일관 같은 조선 요리옥은 일본 게이샤가 흥을 돋우는 음식점인 일본 요리옥의 영향을 받아서 생겨났다.

조선 요리옥은 친일파가 조선 총독부 관리들을 접대하면서 밀담을 나누고 관계를 돈독하게 하는 장소로서 번성했다.

밤이 깊을수록 명월관의 주연이 농익는다. 그래도 두취가 주최한 주연은 자정 이전에 끝날 것이다. 그는 누구보다 규칙적인 생활을 하는 은행장이니까.

사치를 마시오, 그리하여야 조선은 문명합니다

이슥한 밤, 우리는 두취보다 먼저 계동 저택에 도착했다. 집 안이 괴괴하다. 방마다 불은 켜져 있는데 쥐 죽은 듯 조용하다.

안방에서는 안방마님이 며느리와 크고 작은 집안일을 조곤조곤 의논하고 있다. 안방마님이 진두지휘할 뿐 살림을 도맡아 하는 건 며느리다.

"여자란 그저 살림을 잘하고 남편 밥을 먹는 게 최고란다."

긴 대화 끝에 안방마님이 툭, 한마디를 던진다. 큰아들이 밖으로만 떠돌아 며느리가 괴로워하는 걸 눈치챈 것인지……. 며느리의 눈에 잠깐 반항하는 빛이 스치지만 언감생심 말대답을 하진 못한다.

"나는 그 잘났다는 여자들, 하나도 부럽지 않더라."

안방마님은 자신이 남편 복이 많다는 걸 자랑스럽게 여긴다. 무엇보다 남편인 두취와 금슬이 좋다. 열네 살의 어린 나이에 중매로 혼인을 했지만 지금껏 두취는 아내 외에 한눈을 판 적이 없다.

두취 입장에서는 안방마님이 복덩어리다. 두취가 장티푸스에 걸려 사경을 헤맬 때 아내의 지극한 정성으로 목숨을 구했다. 또 내조를 얼마나 잘

하는지! 조선 총독부 관리들을 수시로 집으로 초대해서 떡 벌어지게 한 상 차려 내놓는데, 그들 사이에서 손맛이 좋기로 소문이 자자하다. 그런 내조 덕에 승승장구해서 두취 자리까지 오르지 않았던가.

신여성이자 화가였던 나혜석이 자신의 모습을 그린 〈자화상〉. 일제 강점기 여성 운동에 앞장선 예술가였던 나혜석은 파란만장한 삶을 보내야만 했다.

며느리가 안방마님의 눈치를 살피며 머뭇머뭇 어렵게 말을 꺼낸다.

"저는 배운 여자들이 부러워요. 여자도 배워야 무시를 받지 않지요. 남편한테도 존중을 받고요. 당당하게 직업을 가져서 사람 노릇도 하고요."

"아이고, 얘가 큰일 날 소리를 하네!"

안방마님이 도끼눈을 뜨고 호령한다.

"여자는 동서남북도 몰라야 복이 많은 법이다. 날 봐라. 많이 배우지 않아도 아들딸 잘 낳고 부귀영화를 누리지 않더냐?"

"……."

며느리의 속마음은 다르다. 도쿄에서 유학을 하고 있는 남편에 비해 배움이 없는 자신이 초라하게만 느껴진다. 안방마님은 며느리의 속마음을 아

207

덕거시무어신고
시속양금이라든가
앗다그기집인건방지다뎌
거릉누가데려가나
두양반의평
고것참입부다장가나안도
릿더면……민시가동사
떡난구나
쳐다니보아야인사나종회
보지
어늇쳥년의큰거쳥

◆ 바이올린을 든 신여성에게 양반네들은 '건방지다'고 손가락질하고, 젊은이는 '맵시가 좋으니 인사나 좀 해 보자'고 엉큼한 생각을 품는다. 나혜석이 그린 삽화 〈저것이 무엇인고?〉는 당시 신여성의 존재에 대해 일반 사람들이 어떻게 생각했는지 잘 보여 주고 있다.

는지 모르는지 핏대를 올린다.

"여자가 잘나면 못써. 여자가 잘나면 남편에게 순종하지 않는다."

가만히 있던 며느리가 번쩍 고개를 들며 반격을 시도한다.

"남편 덕으로 밥을 더 이상 못 먹게 되면 어찌하나요?"

"잘난 여자나 그렇지."

"남편이 한눈을 판다거나 그러면요?"

"아, 애저녁에 그렇지 않은 데로 시집을 잘 가야지."

"처음부터 그런 줄 알고도 시집가는 사람이 있나요?"

"아, 그거야 팔자소관인데 어찌하누?"

안방마님은 지치지 않고 며느리 단속을 계속한다.

"신여성인가 모던 걸인가 하는 철부지들 말이다. 사치와 허영덩어리들 아니더냐? 여자가 사치를 하면 집안이 망한다. 검소하고 소박해야 집안이 흥하는 법이지."

경성에서 신여성의 인기가 뚝 떨어졌다.

"사치를 마시오. 검박들 하시오. 그리하여야 조선은 문명합니다."

사회 분위기가 향락적·퇴폐적으로 바뀌면서 비난의 화살이 엉뚱하게도 신여성에게로 향했다. 신여성이 사치와 허영의 아이콘이 된 것이다.

신여성 1세대인 화가 나혜석은 사회의 부가 늘어나면 '옛날의 사치품이 오늘의 실용품'이 될 수 있다며 반박했다. 신여성들이 옷이나 머리 모양, 화장을 통해서 자신의 '개성'을 표현하고자 한다는 것이다. 나혜석 같은 신여성 1세대의 주장은 남성들은 물론, 일반 여성들에게도 쉽게 받아들여지지 않았다.

일제 강점기의 조선은 눈에 보이는 곳곳에서 근대화의 모습을 띠고 있다. 그러나 개인의 영역, 특히 여성이나 가족 문제에 있어서만큼은 여전히 전통과 인습이 막강한 힘을 발휘한다.

여학생 일기의 비밀

고녀생이 일기를 쓰느라 끙끙대고 있다. 일기장에는 날짜, 요일, 날씨, 기상 시간, 취침 시간, 공부 시간 칸이 인쇄되어 있다. 일기에는 학교생활에 대해 여덟 줄 분량으로 쓰면 된다.

일기라고 그날그날 겪은 일이나 생각, 느낌을 진심으로 적는 게 아니다. 매일 담임 교사한테 검사를 받기 때문이다. 즉, '보여 주기 위한 일기'이기에 숙제와 조금도 다를 바가 없다. 게다가 일기를 잘못 썼다가는 담임 교사한테 불려가서 눈물이 뚝뚝 떨어지게 꾸중을 듣는다. 교사들은 일기를 통해 학생을 관찰하고 감시하고 통제한다. 우리가 쓰는 일기와는 사뭇 느낌이 다르다.

고녀생은 일본 천황의 생일을 기념하는 '천장절' 주간의 수업 시간에 만든 축하 떡에 대해 쓰기로 마음먹는다. 단어 하나하나의 선택이 매우 조심스럽다. 게다가 일본어로 써야 해서 한결 더 어렵게 느껴진다. 어떻게든 천장절을 맞이한 기쁨을 잘 표현해야 한다.

고녀생은 일기를 쓰다 말고 공책의 한 귀퉁이에 연필로 낙서를 한다. 이번에는 조선어로 시를 긁적인다.

내 좁은 방 안은 숨이 터질 듯이 외롭다.

사춘기 고녀생의 속마음을 살포시 드러낸다.

잠시 후 고역에 가까운 일기 숙제를 가까스로 마친 고녀생이 살금살금 사랑채로 간다. 사랑채 한구석에는 유리문이 달린 으리으리한 책장이 있고, 그곳에는 호화 장정으로 된 일본어판 '세계 문학 전집'이 꽂혀 있다. 세계적으로 손꼽히는 고전 문학을 모아 전집으로 펴낸 것이다. 상급학교 진학에도 필요하고 교양인이 되기 위해서도 꼭 읽어야 한다. 뿐만 아니라 이런 호화로운 전집이 꽂힌 서재는 방문객에게 자랑삼아 보여 주기 위한 용도로 제격이다.

고녀생이 책등에 적힌 책 제목을 하나하나 훑어보며 읽을 책을 고른다. 《레 미제라블》, 《셰익스피어》, 《데카메론》, 《돈 키호테》, 《파우스트》……. 앗, 우리 시대에 필수 교양 도서로 선택되는 작품 목록과 거의 비슷하다. 제목만 알고 제대로 읽어 본 사람이 별로 없다는 사정도 예나 지금이나 마찬가지다.

책장 앞에서 한참 서 있던 고녀생은 지루하고 어려운 고전 작품은 훌쩍 건너뛰고 토마스 하디의 《테스》를 뽑아 든다. 모파상의 《여자의 일생》도 뽑아 옆구리에 낀다. 그러고는 제 방으로 돌아와 소설책을 읽으며 밤을 지샌다. 고녀생은 일어판 세계 문학 전집을 통해 가 보지 않은 나라와 가 보지 않은 도시를 꿈꾼다. 머나먼 이국의 땅, 흰 피부에 푸른 눈, 금발의 여주인공을 동경한다.

세계 문학 전집이라고 하지만 주로 유럽과 미국의 백인 작가들이 쓴 작품이다. 이런 소설책을 읽으며 서양에 대한 환상, 백인에 대한 동경을 키워 간다. 계동 저택의 고녀생에게는 일제 강점기 조선의 현실과 조선적인 것, 조선 사람들은 안중에도 없다.

최승희에 빠진 고보생

고보생은 얼추 강습소가 끝날 시각에 맞추어 집으로 돌아온다. 카페에 갑자기 들이닥친 순사 때문에 식겁했지만 이내 툭툭 털어 버린다. 잦은 풍기 단속에는 이미 이골이 났다. 고보생들이 카페에 출입하는 데 대해 신문이나 잡지에서 이러쿵저러쿵 비판적인 기사를 자주 내보낸다. 조선 사회의 장래를 두 어깨에 짊어진 학생들이 카페에 드나드는 것이 퇴폐적이라는 주장이다.

고보생은 조선의 장래를 두 어깨에 짊어질 마음이 결단코 없다. 한일 병합 뒤에 태어난 세대로서, 사라진 옛 왕조에 대해 잘 모르기도 하거니와 '굳이' 알고 싶은 마음도 없다. 내지인 일본과 외지인 조선의 차이를 당연한 것으로 인정하고, 조

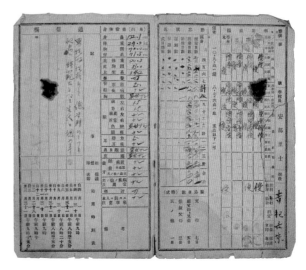

1942년 만경공립국민학교 3학년 이천재섭 학생의 통신부. 성적, 출석일, 신체검사, 담임 교사의 소견까지 빽빽하게 들어차 있다.

선을 다스리는 일제와 조선 총독부를 자연스럽게 받아들인다.

간혹 고보에서 학내 문제나 정치적인 문제로 동맹 휴학이 벌어지곤 한다. 그렇지만 두취네 고보생은 동맹 휴학에 참여하는 반 동무들을 한심하게 바라보곤 한다.

'동맹 휴학? 바보들이나 하는 짓이지!'

교장 선생님이 직접 작성하는 학생 평가인 '소견표'는 대학 진학에 중요하다. 학생의 학업, 품행, 신체에 관한 것을 적는다지만, 사실은 사상 문제에 가장 큰 관심을 둔다. 동맹 휴학에 참여했다간 당장 소견표에 그 사실이 기록되고, 대학 진학에서 크게 불이익을 받을 것이다.

고보생은 풍기 단속 때문에 친구들과 일찍 헤어진 뒤, 종로 야시장에서 어슬렁거리며 적당히 시간을 때우다 집으로 들어왔다. 표정을 보니 싸구려 물건만 가득해서인지 영 구미가 당기지 않았던 모양이다.

비단 이불 위에서 뒹굴뒹굴하던 고보생은 마침 라디오에서 흘러나오는 미국 가수 빙 크로스비의 〈다이나〉를 따라 부른다. 고보생은 팝송으로 영어 공부를 한다.

오! 귀여운 다이나 부드러운 그 입술로
나에게 들려줘요 사랑의 하소연을

까까머리 고보생의 '다이나'는 일제 강점기 최고의 스타인 무용가 최승희다. 지금도 벽에 붙은 대형 브로마이드를 황홀하게 바라보며 최승희를 처음 본 순간을 떠올린다.

213

몇 년 전, 최승희의 창작 무용 공연을 보곤 첫눈에 반했다. 최승희가 무대에 올라 스포트라이트를 받는 순간, 그 모습은 가히 충격적이었다. 조선 여인에게선 보기 드물게 큰 키에 늘씬한 몸매, 새하얀 피부, 반짝거리는 단발머리, 짙은 눈썹, 흑요석 같은 눈을 한 최승희가 춤을 추는 동안 고보생은 완전히 넋이 빠져 버렸다.

공연을 보고 와선 며칠 동안 잠을 이루지 못하며 가슴앓이를 했다. 최승희가 곧 일본에서 첫 공연을 한다는데, 무슨 수를 써서라도 따라가서 볼 궁리를 하는 중이다.

나도 나혜석처럼 살고 싶어!

안채의 건넌방에서는 며느리 이씨가 여태껏 돌아오지 않은 남편을 기다린다. 그러다 경대 앞에서 제 얼굴을 한참 동안 바라본다. 고된 집안일에 지쳐 푸석푸석한 얼굴, 쪽진 머리를 한 구닥다리 같은 모습을. 며느리는 문명개화한 이 집안에서 자신만 노예로 사는 것 같은 기분이 들어서 몹시 우울하다. 며느리가 무슨 죄인지…….

"단 한 번뿐인 인생, 나도 나혜석처럼 멋지게 살고 싶어."

조선의 이사도라 던컨이라 불렸던 최승희의 모습. 그녀의 공연을 본 수많은 남성들이 가슴앓이를 했다고 전해진다.

며느리는 안방마님 앞에서는 차마 입 밖에 내지 못했던 말을 저도 모르게 읊조린다.

조선 여성 최초로 유럽과 미국을 여행한 화가 나혜석.

일찍이 도쿄로 유학을 가서 서양화를 공부한 신여성 1세대이다. 파리 여행에서 외교관 최린과 염문을 뿌리다가 남편에게 이혼을 당하지만, 그녀는 오히려 애정 없는 결혼 생활은 인생의 낭비라며 당당하게 자유연애를 주장했다. 그렇게 연일 경성 사람들의 입방아에 오르내리지만 나혜석은 언제 어디서나 한결같이 꿋꿋했다.

"단발랑이 되고 싶어!"

짧은 머리카락을 다팔다팔 날리는 단발머리 아가씨, 단발랑만 되면 곧바로 신여성이 될 것만 같다. 이씨는 쪽진 머리를 길게 풀어헤친다. 가위로 긴 머리를 싹둑, 자른다. 머리카락이 방바닥으로 우수수 떨어진다. 후회와 두려움, 기쁨과 설렘이 교차하는 순간이다.

한밤중에 들이닥친 일본 경찰

늦은 밤, 두취는 거나하게 취해 저택으로 돌아온다. 오늘따라 기분이 몹시 좋아 보인다. 술자리는 대성공이었다. 조선 총독부의 고위 관리가 '총독'을 모시고 가든파티를 하자고 넌지시 제안해 왔다. 총독을 잘 구워삶으면 두취의 수중에 막대한 이권이 떨어질 것이다.

두취는 사랑채 복도를 돌아 둘째 아들 방으로 향한다. 기특하게도 둘째 아들은 밤늦도록 공부하는 중이다.

"Boys, Be Ambitious!(소년이여, 야망을 가져라!)"

두취가 십대 아들에게 말버릇처럼 자주 하는 영어 격언이다. 두취는 술 취한 김에 거액의 용돈을 뿌린다.

"사내로 태어났으면 큰 꿈을 꾸어야지. 경성제국대학만 들어가거라. 뒤는 이 애비가 다 봐줄 테니!"

두취는 둘째 아들을 판검사로 키운 다음 정계로 내보낼 생각이다. 조선인이 정계에 진출하긴 쉽지 않다지만, 자신의 재력과 인맥을 이용하면 결코 불가능한 일은 아니라고 믿는다.

이때다.

쾅! 쾅! 쾅!

계동 저택의 솟을대문을 거칠게 두드리는 소리. 졸음에 겨운 행랑아범이 눈을 비비며 힘겹게 일어나 대문을 열자 한 무리의 일본 경찰이 성난 황소 떼처럼 들이닥친다. 사랑채 마루를 울리는 어지러운 구둣발 소리가 한밤의 고요함을 깨트린다.

가택 수색이다! 일본 경찰들이 큰아들의 방을 마구 뒤진다. 종로경찰서 소속 경찰들은 제아무리 떵떵거리는 두취의 저택이라고 해도 거침없이 행동한다. 사상 문제에 얽혀들게 되면 두취 또한 그저 외지인, 한낱 조선인에 지나지 않는다. 속수무책으로 당하는 수밖에 없다.

"내 이 죽일 놈을! 사상범이라니!"

두취가 마룻장을 주먹으로 탕탕 내려치며 울부짖는다. 평소의 근엄한 모습은 눈을 씻고도 찾아볼 수가 없다. 두취가 제 가슴을 쥐어뜯으며 미치광이처럼 소리를 내지른다.

"동학패가 있더냐, 탐관오리가 있더냐? 이 좋은 세상에 부잣집 자식이 왜 사회주의를 해?"

이렇게 말하고 행동할 땐, 소싯적에 신학문을 배웠다는 두취도 채만식의 소설《태평천하》에 등장하는 무지렁이 윤직원 영감과 똑 닮았다. 마치 소설 속 영감의 한마디가 들리는 것만 같다.

"제 것 지니고 앉아서 편안하게 살 세상, 이걸 태평천하라고 하는 것이여, 태평천하!"

신여성, 자유를 부르짖다
일제 강점기, 여성의 사회 진출

1. 이 짧은 밤에도 열두 시까지 독서

2. 부글부글 푸푸 이것을 두고 시를 지어

3. 손으로 바느질, 머리로는 신여성 잘 살 날 생각

4. 밤새 궁구하여 새벽 정신에 원고를 쓰고

－나혜석, '김일엽 선생의 가정생활', 《신여자》, 1920년 6월

한국 최초의 여성 서양화가인 나혜석은 집안일과 공부를 겸한 고된 생활을 하는 당시 신여성의 처지를 네 컷 만화로 그렸다. 만화의 주인공 김일엽과 만화를 그린 나혜석 모두 신여성이라고 할 수 있는데, 주로 일본 유학을 다녀온 뒤 1920년대 문학·예술계에서 뚜렷하게 두각을 나타내었다.

여성의 사회 진출은 점점 본격화된다. 〈매일신보〉 1931년 7월 21일자 기사를 보면, 경성 내 공장에서 일하는 남녀 성인 노동자의 수는 남성 9,779명, 여성

3,337명으로 여성이 남성의 거의 1/3에 달하고 있다. 또 백화점 숍 걸과 카페 여급, 버스 차장 등 여성들의 새로운 직업이 생기면서 '일하는 여성'이 사회적으로 주목을 받기 시작한다.

특히 카페에서 일하던 여성들은 기생이나 영화배우 출신으로, 문화적 소양을 충분히 갖추고 있었다. 여성 중에서 단발을 가장 먼저 시도한 이가 기생이었다는 점도 이런 사실을 뒷받침해 준다. 이들이 패션, 영화, 음반 등으로 대표되는 대중문화의 유행을 이끌면서, 호기심 많은 남성들과 사회적으로 억압받는다고 느끼던 여성들 사이에서 순식간에 선망의 대상으로 떠오른다.

하지만 변화를 거부하는 사람들에게 비판의 대상이 되기도 했다. 그래도 깨어 있다고 볼 수 있는 지식인 계층에서도 신여성을 풍자하는 일이 비일비재했다. 진심으로 변화하는 세태를 걱정하는 목소리도 있었던 반면, 신여성을 단지 '문란'하고 '사치'스런 문화를 유행시키는 주범으로 폄하하는 경우도 많았다.

신여성들이 두각을 나타내면서 여성들 사이에 세대 갈등이 심해지기도 했다. 신여성들은 가정에 충실한 여성들을 세상 돌아가는 상황을 전혀 모르는 구식이라 여겼고, 구식 여성들은 신여성들이 연애에만 목숨을 건 철부지들이라고 비난했다. 이는 '신식 시어미와 구식 며느리', '신식 며느리와 구식 시어미'라며 풍자의 대상이 되기도 한다.

이런 여성의 사회 진출도 1930년대 중반 이후, 전쟁에 필요한 물자와 인력을 마음대로 차출하는 국가 총동원령(1938년)에 의해 맥이 끊긴다. 일제는 부족한 노동력을 채우기 위해 여성들을 강제로 군수 공장에 밀어 넣었고, 일부는 일본군 위안부로 내모는 전쟁 범죄를 저질렀다. '전쟁'과 '식민지'라는 암울한 시대 상황이 이제 막 꽃피던 여성의 사회 진출을 처참하게 짓밟아 버린 셈이다.

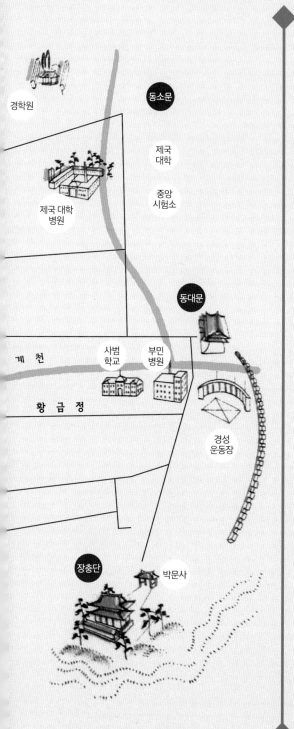

경학원

동소문

제국
대학

중앙
시험소

제국 대학
병원

동대문

계 천

사범
학교

부민
병원

황 금 정

경성
운동장

장충단

박문사

9

무르익은 봄밤,
정동 야행

때 | 한밤중
장소 | 북촌의 계동 저택
⇨ 정동 ⇨ 경성역

대한 제국 시절,
정동은 외교관으로 북적이는 곳이었다.
미국 공사관이 설치된 이래,
정동에는 각국의 공사관들이 세워졌다.
대한 제국은 일본을 포함해 열한 개 나라와
외교 관계를 맺었다.

벼락부자를 꿈꾸는 황금광 시대

행랑채 방문 밖으로 땅이 꺼질 듯한 한숨 소리가 새어 나온다.

"월사금을 이제 어떡하지요?"

행랑어멈이 숨죽이며 흐느낀다. 행랑아범이 애써 행랑어멈을 외면하며 애먼 담배만 뻑뻑 피워 댄다.

"금광왕 최창학을 봐! 금맥만 찾으면 우리도 부자가 될 수 있어!"

행랑아범의 눈에서 푸른 광채가 번뜩인다. 눈이, 온몸이, 탐욕과 광기에 휩싸여 활활 타오른다.

일제 강점기 경성에는 세 명의 왕이 있다고 한다. '유통왕' 박흥식, '건축왕' 정세권, 그리고 '황금왕' 최창학.

박흥식은 화신백화점 사업으로, 정세권은 북촌의 대단위 한옥 단지 사업으로, 최창학은 삼성 금광 사업으로 거대한 부를 축적한 이들이다. 황금왕이라 불리는 최창학은 수공업으로 작업하던 금광을 떠도는 빈털터리 신세였다. 십여 년을 그렇게 떠돌다가, 용하게 금맥을 찾아 단숨에 조선에서 손꼽히는 갑부가 되었다.

'황금광 시대!'

너도나도 최창학 같은 벼락부자를 꿈꾸며 황금을 찾아 나섰다. 조선 팔도가 퍽, 퍽, 곡괭이질 소리로 가득하다. 황금에 눈먼 사람들이 시뻘겋게 충혈된 눈으로 논과 밭, 묘, 집터, 산, 강바닥을 가리지 않고 파헤친다.

행랑아범이 바지춤을 잡고 매달리는 행랑어멈을 뿌리치고 기어이 집을 나선다. 행랑어멈이 꺼이꺼이 운다. 그토록 착실하던 남편이 황금에 미쳐버린 사실이 믿기지 않는다. 내일도 월사금을 내지 못하면 가엾은 아들내미가 학교에서 쫓겨날 텐데…….

계동 저택의 문을 나선다. 칠흑 같은 밤인지라 하마터면 높은 계단에서 발을 헛디딜 뻔한다. 간신히 몸을 추스르고 어두컴컴한 거리로 발길을 내딛는다.

봄밤의 정동 야행

봄밤이 무르익었다.

전차도 끊긴 시각, 우리는 경성역까지 걸어가야 한다. 서둘러 지름길을 찾다가 그만 길을 잃고 말았다. 어둠 속에서 가까스로 길을 찾고 보니 정동 길 어귀이다.

아, 언덕 위에 우뚝 선 저 건물은! 러시아 공사관이다. 지금처럼 삼 층 망루만 남은 게 아니라 르네상스 양식으로 지은 웅장한 본관 건물이 그대로 있다. 이곳은 1896년 2월 11일, 고종이 친일 내각을 피해 몸을 숨긴 '아관파천'의 현장이다. 고종은 아관파천 후 일 년이 지나서야 경운궁으로 돌아

왔다. 뒤이어 1897년 10월 12일, 원구
단에서 하늘에 제사를 지내고 황제 즉
위식을 올린 뒤 새롭게 대한 제국을
선포했다.

　정동길을 걸어 내려오면서 서양 각
국의 공사관들을 눈으로 더듬어 찾는
다. 대한 제국 시절, 정동은 각국 외교
관으로 북적이는 '외교 타운'이었다.
1883년 미국 공사관이 설치된 이래,

아래는 1910년 러시아 공사관의 전경이다. 위 사진
은 망루만 남아 있는 현재 모습.

정동에는 서양 각국의 공사관들이 세워졌다. 대한 제국은 일본을 포함해
열한 개 나라와 외교 관계를 맺었다.

대부분 서양식으로 지어진 각 나라 공사관들과 배재학당, 정동제일교회, 손탁호텔이 어우러진 정동길은 이국적 정취를 뿜내는 거리였다.

그런 정동의 외교 타운 시절은 순식간에 끝나고 만다. 대한 제국이 외교 권을 빼앗겼기 때문이다. 일제는 대한 제국이 파견한 해외 공관들부터 서둘러 철수시켰다. 을사늑약을 맺은 지 겨우 한 달만에 대부분의 외교관들이 서둘러 조선을 떠났다. 어쩌면 그렇듯 신속하게 공관을 철수했는지 기가 막힐 지경이다.

흔히 대한 제국의 외교권이 1905년 11월 17일 을사늑약으로 박탈되었다고 알려져 있다. 하지만 실제로는 1904년 2월 23일, 한일 의정서 단계에서 이미 외교권을 잃고 말았다. 일제는 이어 1905년 7월 29일 가츠라·태프트 밀약, 8월 12일 제2차 영일 동맹, 9월 5일 포츠머스 조약 등으로 미국, 영국, 러시아로부터 대한 제국에 대한 보호권을 '차근차근' 승인받았다. 그러고 나서 마지막으로 을사늑약이 체결된 것이다.

우리가 서 있는 정동길에서 한옥을 개조한 미국 공사관, 현대까지도 잘 보존되어 있는 영국 공사관이 보인다. 지금은 인기척 하나 없이 건물만 덩그러니 남아 있다. 텅 빈 거리에 있으니 괜스레 쓸쓸함이 밀려온다.

대한 제국은 을사늑약 후에도 일제의 국권 침탈이 부당하다는 사실을 계속해서 국제 사회에 호소했다. 1907년 헤이그 밀사 사건, 1908년 장인환과 정명운의 스티븐슨 저격 사건, 1909년 안중근의 이토 히로부미 암살 사건까지, 전부 국제 사회의 관심과 지지를 얻고자 한 노력이었다.

그러나 힘의 논리대로 돌아가는 국제 사회는 대한 제국의 간절한 호소를 외면했고, 일제는 보호국 체제에서 나아가 '한일 병합'으로 조선을 강하게 몰아갔다.

　우리는 대한 제국과 운명을 함께한 정동의 외교 타운을 뒤로하고 경성역을 향해 저벅저벅 걷는다. 다시 안개가 몰려온다.

밤안개 자욱한 경성역

　드디어 경성역이다. 경성역 안으로 들어서자, 스테인드글라스 위로 환영이 지나간다. 스테인드글라스가 마법이라도 부린 걸까? 일제 강점기에 '제국의 관문'인 경성역을 거쳐 간 사람들의 모습이 옛날 무성 영화처럼 연속적으로 스쳐 지나간다.

　몹시 추운 겨울날인 것 같다. 한 소년이 여러 사람들에게 둘러싸인 채 자동차에서 내려 경성역으로 걸어 들어간다. 살집이 좋고 가르마를 옆으로 탄 열한 살 소년은 입을 꾹 다물고 있다. 이 소년은 고종 황제의 일곱째 아들인 영친왕 이은이다. 대한 제국의 마지막 황태자로 책봉되자마자 통감 이토 히로부미에 의해 일본 유학을 떠나는 중이다. 그러니까 일본 유학은 허울이고 실제로는 볼모로 잡혀 가는 처지이다.

　영친왕 이은의 모습이 사라지자마자, 두툼한 털외투를 껴입은 덕혜옹주가 시선을 아래로 떨어뜨린 채 경성역으로 들어선다. 고종 황제의 막내딸이자 고명딸인 덕혜옹주 또한 열세 살의 어린 나이에 도쿄 유학을 빌미 삼아 일본에 볼모로 가고 있다.

　갑자기 한 무리의 젊은이들이 우르르 나타난다. 근대 문물과 학문을 배우기 위해 '아시아의 런던'이라고 불린 도쿄로 유학을 떠나는 젊은이들이다. 이들 중에 홍명희 선생, 최남선 선생, 이광수 선생이 눈에 띈다. 세 사람은 '동경 삼재(동경은 도쿄를 한자음으로 읽은 이름. 동경 유학생 중 뛰어난 인재로 주목받은 세 사람)'라 불린 일제 강점기 최고의 지성인이다. 세 사람은 조선 동포를 깨우치고 서양의 신지식을 소개하겠다는 포부로 가득하다.

앗, 저 사람은! 새로 부임한 조선 총독 사이토 마코토이다. 수행원을 거느린 채 거드름을 피우며 경성역에 도착한다. 사이토 총독은 3·1 운동 이후 무단 통치 대신 기만적인 '문화 통치'를 내걸고 새로 부임한 제3대 조선 총독이다.

사이토 총독이 환영 행사를 마치고 막 마차에 오르려는 순간, 갑자기 펑, 하며 폭탄이 터진다. 소리가 들리진 않지만, 사방으로 불꽃이 튀고 사람들이 비

우리가 해외로 나가기 위해 인천 공항을 찾는 것처럼, 당시 경성역은 국내 여행뿐 아니라 해외 여행의 시작점이기도 했다. 따라서 일본으로 가려면 무조건 경성역을 거쳐야만 했다. 왼쪽의 두 사람은 이상과 박태원, 오른쪽은 어린 시절 덕혜옹주와 영친왕이다.

명을 지르며 내달리는 모습이 보인다.

예순다섯 살 노인 강우규 의사가 거행한 사이토 총독 폭탄 투척 사건이다. 폭탄이 마차 바로 앞에서 터져 사이토 총독은 유유히 광장을 빠져나간다. 간발의 차로 사이토 총독의 암살에 실패한 것이다. 그 모습을 보자니 너무나 안타까워서 입에서 절로 신음 소리가 새어 나온다.

경성역의 티룸을 얼쩡거린 시인 이상, 소설가 박태원, 그리고 이름을 알 수 없는 모던 보이와 모던 걸들이 경성역을 스쳐 간다.

경성역이 준 환각이다.

정신을 차리고 주변을 둘러보니 밤안개가 자우룩하다. 경성에 도착했을 때처럼 떠날 때도 안개가 짙게 끼어 있다. 식민지 경성은 안개의 덫에 갇혀 있다.

시계 제로!

한 치 앞이 보이지 않는 상황이 마치 누덕누덕 기운 돛을 달고 태풍이 몰아치는 바다를 이리저리 표류하는 작은 배와 같다. 선장도 조타수도 없이 항해하는 '조선호'의 앞날은 어찌 될까?

안갯속을 걸으며 경성에서 만난 수많은 사람들 가운데 몇몇을 떠올린다. 계동 저택의 친일파 두취처럼 적극적으로 친일에 가담했던 사람들, 고보생이나 고녀생처럼 식민지 현실에 무관심했던 사람들, 본정 거리의 모던 걸 모던 보이처럼 부나방같이 근대의 유흥에 빠졌던 사람들. 그들의 다양한 모습을 역사의 반면교사(부정적인 면에서 깨달음을 주는 대상)로 삼기 위해서 단단히 기억해 둔다.

아, 맞다. 우리가 맨 처음 만났던 계동 저택의 모던 보이가 있구나! 당시 유행처럼 번지던 사상 운동에 연루되었지만, 우리 눈에는 어디에도 얽매이지 않는 자유를 소망한 개인주의자처럼 보였다. 답답한 식민지 현실을 벗어나고 싶어 잠시나마 상하이행을 꿈꾸었던, 그렇지만 오히려 옥에 갇혀 혹독한 시간을 보내고 있을 모던 보이. 그러나 두취의 힘을 빌려 곧 풀려날 것이다.

서대문형무소에서 만난 김동삼 선생과 형사에게 고문받던 젊은 독립운동가, 남편의 옥바라지를 하던 여인이 또렷이 떠오른다. 사회 운동가인 함석헌 선생은 "해방이 도둑처럼 뜻밖에 왔다."고 말했다. 그만큼 누구도 일제가 패망할지 예측할 수 없던, 해방을 꿈조차 꿀 수 없던 시대였으리라.

그 엄혹한 시대에 맞서, 실낱같은 희망을 품고 역사에 몸을 던진 분들을 두 눈으로 똑똑히 보다니!

경성을 감싼 안개여, 거대한 외투가 되어 다오! 해방을 위해 모든 걸 바쳐 투쟁하는 독립운동가들을 일제의 눈초리로부터 부디 감싸 주기를.

'그분들을 잊지 않는 건 우리의 의무야! 독립운동가 선생님들을 잊지 않겠습니다.'

우리는 입 속으로 몇 번이고 읊조린다.

이제 우리는 현대의 서울로 돌아가는 기차를 기다리는 중이다. 멀리서 기적 소리가 울린다.

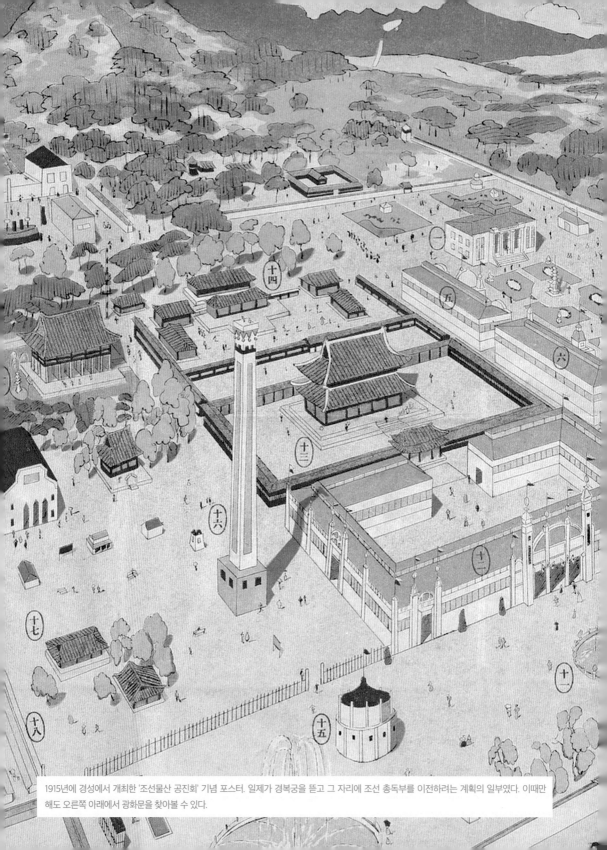

1915년에 경성에서 개최한 '조선물산 공진회' 기념 포스터. 일제가 경복궁을 뜯고 그 자리에 조선 총독부를 이전하려는 계획의 일부였다. 이때만 해도 오른쪽 아래에서 광화문을 찾아볼 수 있다.

북촌의 하늘은 어둡고
남촌의 하늘은 밝다

오늘날 지명으로 이야기하자면
충무로, 명동, 을지로, 남대문은 상업이,
용산 남부는 공업이 발달한 지역이었다.
반면에 우리가 여행하면서 확인했듯이,
본정의 밤거리는 불야성을 이루었지만
종로에는 가로등조차 설치되어 있지 않았다.

드디어 우리의 당일치기 여행이 끝났다. 1930년대 경성을 거닐며 받은 느낌은 각자 다를 것이다. 하지만 경성이 공간적·시간적으로 한양과 서울 사이에 놓인 '다리'라는 점에는 모두 공감하리라.

　우리가 다녀온 1934년은 일제의 식민 통치 체제가 더욱 단단해지고 해방의 가능성은 거의 사라져 버린 것만 같은 시대, 1937년 중일 전쟁을 앞두고 전시 체제로 돌입하기 직전의 비교적 안정된 시대, 그리고 식민지에 드리워진 암울한 그림자를 덮어 버린 화려하고 평화로운 일상과 그 위선을 깨는 독립운동이 암암리에 펼쳐진 시대였다.

　게다가 1934년은 최초의 근대적 도시 계획인 '조선 시가지 계획령'이 실시되어 경성이 근대 도시로 탈바꿈한 시기이기도 하다. 이 책의 전편이라고 할 수 있는《조선에서 보낸 하루》에서 한양을 여행한 지 약 141년이 지난 시점이다.

　경성을 거닐고 여러 사람들을 만나다 보니, 오히려 궁금한 점이 많이 생겨났다. 자, 이제 인터넷과 책을 벗삼아 궁금증을 하나하나 파헤치는 것도 또 다른 즐거움이 되지 않을까?

한 도시, 세 개의 이름 : 한성과 경성, 그리고 게이죠

우선 '경성'이라는 이름부터 헷갈린다. 경성 여행을 하면서 사람들이 한성, 경성, 게이죠를 마구 섞어서 부르는 걸 들었기 때문이다.

'한성부'는 조선 시대 서울의 공식적인 행정 명칭이다. 조선 시대 사람들은 수도를 한성이라고 불렀다. 1910년 한일 병합 조약 이후, 한성부는 수도로서의 지위를 잃고 말았다. 한성은 경기도 소속으로 지위가 낮아져서 '경성부'로 불리게 된다.

그런 이유로 일제 강점기 내내 '경성'이 공식적인 명칭이 되었다. 경성우편국, 경성지방재판소, 경성중학교같이 관공서나 학교 이름에 경성이 우선적으로 쓰이게 된다. 물론 경성에도 수도라는 뜻이 있어서, 조선 시대에 순우리말인 '서울'의 한자 표기로서 경성이 사용되긴 했다. 그러나 일제 강점기에 사용된 경성은 오로지 일제의 식민 도시를 가리키는 이름에 지나지 않았다.

'게이죠'는 경성의 일본식 발음이다. 일제 강점기에 상당히 많은 수의 일본인들이 현해탄을 건너 경성으로 이주했기에, 게이죠 역시 공식 명칭처럼 불렀다. 게이죠는 식민지인 조선에 머물면서 특권을 누리던 일본인들에겐 추억을 불러일으키는 이름이 되었다.

경성이 공식적인 명칭이 되었다고 해도, 조선 사람들은 한성이라는 이름을 자주 사용했다. 특히 조선인이 세운 회사에는 한성신탁, 한성양조, 한성도서같이 한성이라는 이름이 들어갔다. 반면 일본인들이 운영하는 회사는 경성증권, 경성공업주식회사, 경성제약같이 경성이라는 이름을 꼭 넣었다.

1930년대가 되면 조선인들도 경성이라는 이름을 자주 사용하게 된다.

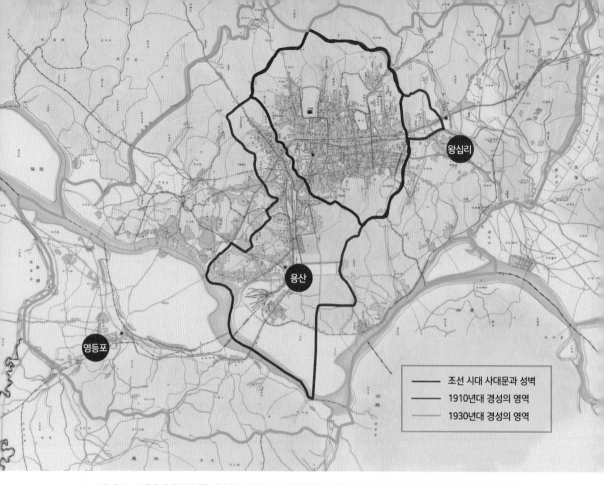

위 지도는 시대별 경성의 경계를 나타내고 있다. 1930년대 경성은 동쪽으로 중랑천, 남쪽으로 여의도를 포함한 한강 남쪽까지 확장되었음을 알 수 있다.

경성이 수도로서의 지위를 회복하고 서울이라는 이름을 되찾는 건 해방이 되고 나서부터였다.

한 가지 더 헷갈리는 사실이 있다. 한성, 경성, 서울이 같은 장소를 가리키는 것 같지만, 실제로는 명칭별 영역이 조금씩 다르다는 점이다. 일제 강점기의 경성은 한양 도성으로 둘러싸인 조선 시대와도 다르고, 현대의 서울특별시와도 다르다.

234   조선 시대 한성부의 영역은 '성저십리'라고 해서 도성 밖 십 리(약 4킬로

미터) 안에 해당하는 지역이었다. 그에 비해 1910년대 경성은 조선 시대 한 성부의 영역에 비하면 1/8로 축소되었다. 사대문 안쪽 지역에 일본군 주둔 지인 용산이 혹처럼 붙은 게 전부였다. 그러다가 1930년대 들어 조선이 일 제의 병참 기지가 되면서, 경성의 역할이 커지고 영역도 크게 넓어진다.

차별 없는 차별이 시작되는 곳 : 내지와 외지

우리가 경성을 여행하면서 자주 들었던 단어 중에 '내지'와 '외지'가 있다. 여기서 내지는 일본 본토, 외지는 일본의 한 지방인 조선을 가리킨다. 내지와 외지를 가르는 기준은 일본 헌법이 적용되느냐 아니냐이다. 헌법이 적용되는 곳은 내지, 거기서 제외되는 곳은 외지로 나누었다.

'일본 제국'은 1868년부터 1945년까지 존재했던 일본의 제국주의 국가 시기를 말한다. 일본은 서구 문명을 받아들이는 메이지 유신을 단행해서 근대 국가를 세운 뒤, 눈을 밖으로 돌려 류큐, 타이완, 사할린 섬 남부 들에 이어 조선을 식민지로 삼는다.

일제는 조선을 직접 지배하면서 서로 모순된 정책을 폈다. 한일 병합 조약을 통해 조선을 일제의 영토로 강제 편입시켰으면서도, 일본 헌법이 적용되지 않는 외지로 취급했다. 한마디로 조선인에게는 의무만 있을 뿐, 참정권이나 자치권 같은 권리가 없다는 뜻이다.

이런 일제의 통치 방침은 '차별'과 '동화'로 드러난다. 조선인을 일본인과 철저하게 차별했다. 사는 곳이나 학교생활에서도 둘을 분리시키는 차별 정책을 폈다.

그와 동시에 학교 교육을 통해 조선인에게 일본어와 일본 역사, 일본 지리를 가르치면서 일본인이 되라고 끊임없이 강요했다. 이때 일제가 내세운 논리가 '내선일체(內鮮一體, 일본과 조선은 한 몸이라는 뜻)'였다.

아니, 어떻게 차별하면서 동화시키냐고? 일제가 내세운 논리는 이렇다. '조선과 일본은 지리적으로도 가깝고 같은 황인종이기 때문에 서로 같아지는 게 가능하다. 다만 조선이 문화적으로 뒤쳐져 있으므로 그 수준을 끌어올릴 때까지 일제의 통치를 받아야 한다.'는 것이다. 누가 봐도 삼십육 년 동안 착취와 억압, 수탈로 일관한 일제의 얼토당토않은 변명이자 궤변일 뿐이다.

익숙한 도시를 낯설게 만드는 이름 : 정과 동

우리는 경성 여행 중에 ~통, ~정, ~정목 같은 낯선 거리 이름을 접하곤 어리둥절했었다. 일제 강점기에 거리를 뜻하는 이름이 전부 일본식으로 바뀌었기 때문이다.

일제 강점기에 남북으로 뻗은 큰길은 '~통', 동서로 뻗은 큰길은 '~정'이라고 불렸고, 지금의 세종대로 네거리에서 가까운 곳부터 1정목, 2정목, 3정목으로 숫자를 붙였다. 우리가 가 본 태평통, 광화문통, 남대문통, 그리고 본정, 명치정, 종로 1정목 등을 떠올려 보면 조금이나마 감이 잡힐 것이다.

조선인이 많이 살던 종로와 서대문 북쪽은 그냥 '동'으로 불렀다고 한다. 그렇게 한동안 조선인 거주지는 동으로, 일본인 거주지는 정으로 구분해서 부르다가 1936년에는 모두 정으로 통일되었다.

소비 도시에서 상공업 도시로 : 병참 기지화 정책

우리가 여행한 경성은 상업 도시이자 소비 도시였다. 모던 보이와 모던 걸이 본정 거리를 활보하고, 백화점과 상점에 사람들이 북적이고, 네온사인이 번쩍이는 밤거리는 불야성을 이루었다. 전국적으로 조선인의 75%가 농업·임업·목축업에 종사했는데, 경성에서는 조선인 가운데 32%가 상업과 교통업 종사자였다. 누가 봐도 상업 도시인 것이다.

그런데 여행자의 눈에 보이지 않는 변화도 있었다. 1931년 만주 사변을 계기로 일제는 조선을 병참 기지로 만드는 정책을 편다. 5대 조선 총독인 우카기는 농업 위주였던 식민지 경제 정책을 농업과 공업을 병행시키는 방향으로 바꾸었다. 소위 '농공 병진'의 구호 아래, 조선을 공업화시키려 한 것이다. 일제는 일본 본토를 정밀하고 수준 높은 공업 지대로, 조선을 초보적인 공업 지대로, 만주를 농업 지대로 만들겠다는 구상을 했다고 한다.

이런 이유로 1930년대 경성에는 공장 노동자가 크게 늘어났다. 하지만 장시간 노동, 나쁜 작업 환경, 낮은 임금에 체벌과 규율까지 따랐다. 거기에 조선인에 대한 민족적 차별, 여성 노동자에 대한 차별까지 덧붙여져 노동 조건은 열악하기 짝이 없었다.

불빛으로 구별되는 경성의 두 얼굴 : 북촌과 남촌

우리가 방문한 1934년 경성의 외국인 비중이 약 30%나 된다는 사실은 꽤 놀랍다. 당시 경성의 인구수는 39만 4천 525명이다. 이 중에서 조선인

〈대경성부 대관〉의 상세 부분. 북촌을 대표하는 파고다 공원 주변과, 남촌을 대표하는 조선은행 주변을 비교해 볼 수 있다.
지도로 봐도 남촌 부근에 근대식 건물이 많이 늘어서 있다는 사실을 알 수 있다.

은 27만 9천 명밖에 되지 않는다. 경성에는 일본인, 중국인을 포함한 외국인의 비중이 30%나 되었던 셈이다. 전국적으로 외국인의 비율이 3%에 지나지 않았던 데 비하면 놀라운 수치다.

경성의 외국인 가운데 대부분은 현해탄을 건너온 일본인이었다. 이들은 온갖 특권과 특혜를 누렸다. 예를 들어 일본인 노동자는 조선인 노동자에 비해 세 배 이상의 임금을 받았다. 조선인 여성 노동자와 비교하면 다섯 배 이상 차이가 났다.

교육에서도 차별이 컸다. 조선인은 중등 교육이나 대학 진학에서 차별을 받았다. 일단 조선인과 일본인의 학교 제도가 달랐다. 조선인 남학생들은 고보, 조선인 여학생들은 고녀에 진학하고, 일본인 남학생은 중학교, 일본인 여학생은 고등여학교에 진학했다.

그럼 우리가 방문한 1934년을 예로 들어 보자. 학교에 입학해야 하는 나이의 청소년 중에서 실제로 학교에 입학한 학생 수의 비율은 어느 정도였을까? 당시 조선인 남학생의 고보 진학률은 1.2%, 일본인 남학생의 중학교 진학률은 28.1%이고, 조선인 여학생의 고녀 진학률은 0.6%, 일본인 여학생의 고등여학교 진학률은 47.7%이다. 같은 해 경성제국대학에 입학한 학생 수를 보면 일본인이 조선인의 두 배에 가깝다. 조선인에 비해 일본인들이 교육의 혜택을 얼마나 많이 누렸는지 알 수 있다.

이런 민족 차별은 경성의 공간에서도 고스란히 드러난다. 바로 북촌과 남촌의 격차이다. 남촌은 상업과 공업이 발달했다. 오늘날 지명으로 이야기하자면 충무로, 명동, 을지로, 남대문은 상업이, 용산 남부는 공업이 발달한 지역이었다.

마찬가지로 본정의 밤거리는 불야성을 이루었지만 종로에는 가로등조차 설치되어 있지 않았다.

"북촌의 하늘은 어둡고 남촌의 하늘을 밝다."

이처럼 일제 강점기 경성이라는 공간에는 '지배와 피지배', '문명과 야만', '향락과 규율', '전통과 근대', '봉건 여성과 신여성', '친일과 독립' 같은 모순된 두 얼굴이 하나로 얽혀 있다.

당일치기의 짧은 여행이지만, 이런 상반된 모순을 두 눈으로 바라보는 게 흥미진진하면서도 한편으로는 콩닥콩닥 마음 졸여야 했다는 사실을 살짝 고백해 본다.

참고 문헌

[도록]
· 《개항기 서울에 온 외국인들》, 서울역사편찬원, 2016.
· 《경성 1930 : 이방인의 순간 포착》, 청계천문화관, 2011.
· 《경성편람》, 경성홍문사 , 1929.
· 《대경성부 대관》, 서울역사박물관, 2015.
· 《대한 제국기 정동을 중심으로 한 국제 교류와 도시 건축에 관한 연구》, 서울역사박물관, 2011.
· 《명동 이야기》, 서울역사박물관, 2012.
· 《백인제 가옥》, 서울역사박물관, 2016.
· 《사진 엽서로 떠나는 근대 기행》, 부산근대역사관, 2004.
· 《서울 2천년사 26 : 경성부 도시 행정과 사회》, 서울역사편찬원, 2015.
· 《서울 視, 공간의 탄생 : 사진으로 보는 서울의 도시 경관사》, 서울시, 2014.
· 《서울의 근대 건축》, 서울역사박물관, 2009.
· 《서울 지도》, 서울역사박물관, 2006.
· 《정동 1900》, 서울역사박물관, 2012.
· 《청계천, 1930》, 서울역사박물관, 2014.

[단행본]
· 가라타니 고진, 《일본 근대 문학의 기원》, 도서출판비, 2010.
· 강명관, 《사라진 서울》, 푸른역사, 2010.
· 강심호, 《대중적 감수성의 탄생》, 살림, 2005.
· 강헌, 《한국 대중 문화사 1, 2》, 이봄, 2016.
· 고미숙, 《위생의 시대》, 북드라망, 2014.
· 공제욱, 김백영, 《식민지의 일상 지배와 균열》, 문화과학사, 2006.
· 교수신문 등저, 《한국 근현대사 역사의 현장 40》, 휴머니스트, 2016.
· 김경민, 《건축왕 경성을 만들다》, 이마, 2017.
· 김경일, 《여성의 근대 근대의 여성》, 푸른역사, 2004.
· 김경일, 《근대의 가족 근대의 결혼》, 푸른역사, 2012.
· 김백영, 《지배와 공간》, 문학과지성사, 2009.
· 김승구, 《식민지 조선의 또 다른 이름, 시네마 천국》, 책과함께, 2012.
· 김영모, 《일제하 한인 지배층 연구》, 고헌출판부, 2009.
· 김욱 편역, 《경성제국대학 일본어 잡지 청량 소설 선집 1, 2》, 역락, 2016.
· 김정인 등저, 《한국근대사 2》, 푸른역사, 2016.
· 김주리, 《모던 걸, 여우 목도리를 버려라》, 살림, 2005.
· 김진송, 《서울에 딴스홀을 허하라》, 현실문화연구, 2002.
· 나리타 류이치, 《근대 도시 공간의 문화 경험》, 뿌리와이파리, 2011.
· 나영균, 《일제 시대 우리 가족은》, 황소자리, 2004.
· 나혜석, 《나혜석 작품집》, 지만지고전천줄, 2008.
· 남인희, 《남인희의 길 이야기》, 삶과꿈, 2006.
· 노형석, 이종학, 《모던의 유혹, 모던의 눈물》, 생각의나무, 2004.
· 노형석, 《한국 근대사의 풍경》, 생각의나무, 2006.
· 동아일보사, 《동아일보가 담은 근대 100景》, 2010.
· 류수연, 《뷰파인더 위의 경성》, 소명출판, 2013.
· 민족문학사연구소 편, 《춘향이 살던 집에서, 구보씨 걷던 길까지》, 창비, 2005.
· 박상하, 《경성 상계》, 생각의 나무, 2008.
· 박숙자, 《속물 교양의 탄생》, 푸른역사, 2012.
· 박일영, 《소설가 구보씨의 일생》, 문학과지성사, 2016.
· 박태원, 조이담, 《구보씨와 더불어 경성을 가다》, 바람구두, 2009.
· 박찬호 저, 안동림 역, 《한국 가요사 1》, 미지북스, 2009.
· 박천홍, 《매혹의 질주, 근대의 횡단》, 산처럼, 2003.
· 박현수, 《경성 맛집 산책》, 한겨레출판, 2023.
· 박현수, 《식민지의 식탁》, 이숲, 2022.
· 사와이 리에, 《엄마의 게이죠 나의 서울》, 신서원, 2000.
· 서울대학교병원 병원역사센터, 《한국 근현대 의료 문화사(1879~1960)》, 웅진지식하우스, 2009.
· 서지영, 《경성의 모던걸》, 여성문화이론연구소, 2013.
· 소래섭, 《불온한 경성은 명랑하라》, 웅진지식하우스, 2011.
· 손정목, 《일제 강점기 도시 사회상 연구》, 동광미디어, 2005.
· 아카마 기후, 《대지를 보라》, 아모르문디, 2016.
· 안재성, 《경성 트로이카》, 사회평론, 2004.
· 알랭 코르뱅 외, 《날씨의 맛》, 책세상, 2016.
· 역사학연구소, 《함께 보는 한국 근현대사》, 서해문집, 2004.
· 연세대학교 국학연구원, 《일제의 식민 지배와 일상생활》, 혜안, 2004.
· 윤정숙, 《한국 주거와 삶》, 교문사, 2007.
· 윤해동 등저, 《근대를 다시 읽는다 1, 2》, 역사비평사, 2006.
· 이경민, 《경성, 카메라 산책》, 아카이브북스, 2012.
· 이계형, 전병무, 《숫자로 본 식민지 조선》, 역사공간, 2014.

· 이덕일, 《근대를 말하다》, 역사의아침, 2012.
· 이순우, 《광화문 육조 앞길》, 하늘재, 2012.
· 이승원, 《소리가 만들어 낸 근대의 풍경》, 살림, 2005.
· 이충렬, 《그림으로 읽는 한국 근대의 풍경》, 김영사, 2011.
· 장유정, 《오빠는 풍각쟁이야》, 민음인, 2006.
· 전우용, 《우리 역사는 깊다 1, 2》, 푸른역사, 2015.
· 정명섭 등저, 《일제의 흔적을 걷다》, 더난출판사, 2016.
· 정병호, 《춤추는 최승희》, 현대미학사, 2004.
· 정운현, 《친일파의 한국 현대사》, 인문서원, 2016.
· 정재정, 《일제 침략과 한국 철도》, 서울대학교출판부, 1999.
· 천정환 등저, 《식민지 근대의 뜨거운 만화경》, 성균관대학교출판부, 2010.
· 천정환, 《조선의 사나이거든 풋뽈을 차라》, 푸른역사, 2010.
· 최지혜, 《경성 백화점 상품 박물지》, 혜화1117, 2023.
· 한국역사연구회, 《우리는 지난 100년 동안 어떻게 살았을까 1~3》, 역사비평사, 1999.
· 한익교, 《한상룡을 말한다》, 혜안, 2007.
· 한철호, 《식민지 조선의 일상을 묻다》, 동국대학교출판부, 2013.
· 함한희, 《부엌의 문화사》, 살림, 2005.
· 허영란 등저, 《일상사로 보는 한국 근현대사》, 책과함께, 2006.
· H.B.드레이크, 《일제 시대의 조선 생활상》, 집문당, 2000.

[논문]
· 강명숙, 〈일제 시대 제2차 조선 교육령 개정 과정 연구〉, 《교육사상연구》 23권 3호, 2009.
· 강심호 외, 〈일제 식민지 치하 경성부민의 도시적 감수성 형성 과정 연구 : 1930년대 한국 소설에 나타난 도시적 소비문화의 성립을 중심으로〉, 《서울학연구》 21호, 2003.
· 김동환, 〈일제 강점기 진학 준비 교육과 정책적 대응의 성격〉, 《교육사회학연구》 12권 3호, 2002.
· 김승경, 〈역사와 기억의 사이 : 영화 〈암살〉, 《현대영화연구》, 2016.
· 김용범, 〈1920~30년대 경성의 근대 건축 활동에 관한 기초 연구 : 조선의 건축의 잡보 기사를 중심으로〉, 《서울학연구》 43호, 2011.
· 김은실, 〈식민지 근대성과 여성의 근대 체험〉, 《한국의 근대성과 가부장제의 변형》, 이화여자대학교출판부, 2003.
· 김정인, 〈일제 강점기 경성부의 교육 행정과 교육 실태〉, 《서울학연구》 10호, 1997.
· 김제정, 〈근대 경성의 용례와 그 의미의 변화〉, 《서울학연구》 49호, 2012.
· 김지환, 〈만주 간선 철도망 형성의 역사적 회고〉, 《만주연구》 제20집, 2015.
· 김창욱, 〈일제 강점기 음악의 사회사-신문 잡지 : 1910~1945를 중심으로〉, 《음악학》, 2004.
· 김호연, 〈1930년대 서울 주민의 문화 수용에 관한 연구 : 부민관을 중심으로〉, 《서울학연구》 15호, 2000.
· 맹문재, 〈1930년대 여자 고등학생들의 학교생활 고찰〉, 《한국학연구》 29집, 2008.
· 맹문재, 〈일제 강점기 여학생들의 세계 인식 고찰〉, 《한국학연구》 31집, 2009.
· 박누월, 〈한국 영화 20년 : 1904년 활동사진 수입부터 39년 9월까지〉, 《영화》 109호, 1986.
· 박철희, 〈일제 강점기 한국 중등 교육〉, 《한국교육사학》 제28권 2호, 2006.
· 박철희, 〈일제 강점기 중등 학교의 학생 규율에 관한 연구〉, 《한국교육》 제30권 1호, 2003.
· 신승모, 오태영, 〈식민지 시기 경성의 문화 지정학적 위상에 관한 연구〉, 《서울학연구》 38호, 2010.
· 이동훈, 〈경성의 일본인 사회와 자녀 교육〉, 《서울학연구》 45호, 2011.
· 이용상, 〈한국 철도사 연구3〉, 《철도저널》 18권 제3호, 2015.
· 임채성, 〈전시하 만철의 수송전, 1937~1945 : 수송 통제와 그 실태〉, 《동방학지》 제170집, 2015.
· 임채성, 〈전후 만철의 접수와 중국 동북철도의 재편〉, 《동방학지》 제174집, 2016.
· 조미숙, 〈일제 강점기 학교 공간 아동 문학의 특성 : 월사금 문제를 중심으로〉, 《동화와 번역》 29집, 2015.
· 채호석, 〈국문학 산책-1934년 경성, 행복찾기 : 박태원의 《소설가 구보씨의 일일》〉, 민족문학사연구소, 1994.
· 최인영, 김제정, 〈1930~40년대 경성 지역 대중 교통의 문제점과 대책〉, 《서울학연구》 50호, 2013.
· 최혜실, 〈경성의 도시화가 1930년대 한국 모더니즘 소설에 미친 영향〉, 《서울학연구》 9호, 1998.

[학위 논문]
· 김승희, 〈1920~40년대 경성 역사 건축에 관한 연구〉,

서울시립대학교 석사논문, 2004.
· 김진우, 김도년, 〈산업 시대 해외 식민 도시 개발 주체의 구조적 특성에 관한 연구 : 영국 동인도회사, 일본 남만주철도주식회사를 중심으로〉, 성균관대학교 석사논문, 2011.
· 박경목, 〈일제 강점기 서대문형무소 연구〉, 충남대학교 박사논문, 2015.
· 손영민, 〈한국 근대 도시 주거 평면 변천에 나타난 주거 사상에 관한 연구 : 일제 강점기 신문과 잡지의 생활 개선과 주택 개량 기사를 중심으로〉, 한양대학교 석사논문, 2008.
· 정준영, 〈경성 제국 대학과 식민지 헤게모니〉, 서울대학교 박사논문, 2009.

[자료]
· 서울시 중구청 문화관광과, 〈소설가 구보씨 중구를 거닐다〉(www.junggu.seoul.kr).
· 영화 〈청춘의 십자로〉, 한국영상원, 1934.
· 영화 〈모던 보이〉, 2008.
· 영화 〈암살〉, 2015.
· 영화 〈밀정〉, 2016.

[도판 목록]
· 11쪽 〈일제 강점기 자동차〉, 1924년, 서울역사박물관
· 12쪽 〈경성유람승합자동차 영업 안내서〉, 1920년대, 서울역사박물관
· 15쪽 〈경성역〉, 1920년대, 국립민속박물관
· 16쪽 〈스위스 루체른역〉, 20세기 초, 위키미디어
· 19쪽 〈파시형 증기 기관차〉, 1921년, 서울역사박물관
· 21쪽 〈여행용 가방〉 〈박태원이 쓰던 안경〉, 서울역사박물관 | 〈중절모〉, 국립민속박물관
· 23쪽 〈대구역 기차 발착 시간표〉, 1940년대, 대구근대역사관
· 24쪽 〈조선 관광지 약도〉, 1930년대, 국립민속박물관
· 25쪽 〈관부 연락선〉, 1927년, 철도박물관 | 〈한강 철교〉 〈압록강 철교〉, 1930년, 서울역사박물관
· 30쪽 〈반도의 인상 : 남대문〉, 1939년, 철도박물관
· 32쪽 〈경성부 청사〉, 1930년, 서울역사박물관
· 33쪽 〈구두 신은 청년〉 〈교복모 쓴 소년〉, 1921년, 서울역사박물관
· 34쪽 〈영친왕을 맞이하는 조선 관료〉, 1919년, 서울역사박물관
· 37쪽 〈조선 총독부〉 〈광화문과 빨래터〉, 1930년, 서울역사박물관
· 39쪽 〈대한제국황제전하급대관지어존상〉, 1909년, 국립 고궁박물관 | 〈매일신보 호외〉, 1919년, 서울역사박물관
· 43쪽 〈가회동 한옥군〉, 1954년, 개인 소장
· 45쪽 〈백인제 가옥 정문〉, 문화재청
· 47쪽 〈매일신보 조간〉, 1935년, 국립민속박물관
· 50쪽 〈자수화조도 12폭 병풍〉, 일제 강점기, 국립중앙박물관 | 〈낙화유수 SP 레코드판〉, 1929년, 국립민속박물관 | 〈축음기〉, 1930년대, 서울역사박물관
· 51쪽 〈싱거 재봉틀〉 〈경대〉 〈박가분〉, 1920년대, 국립민속박물관
· 55쪽 〈경성의 수도수원지〉, 서울역사편찬원
· 56쪽 〈의료 광경〉, 1921년, 서울역사박물관
· 58쪽 〈헤루메스 수신기〉, 1930년대, 국립민속박물관
· 62쪽 〈아지노모도 광고 포스터〉, 일제 강점기, 위키미디어
· 66쪽 〈냉장고〉 〈세탁기〉 〈청소기〉, 1930년대, 일본 도시바박물관
· 68쪽 〈산미증식장려 광고지〉, 1940년대, 국립한글박물관 | 〈군산 미곡검사〉, 일제 강점기, 철도박물관
· 70쪽 〈동양척식주식회사〉, 1920년대, 서울역사박물관
· 75쪽 〈조회 광경〉, 서울역사편찬원
· 76쪽 〈군대식 등굣길〉, 1940년대, 서울역사편찬원
· 78쪽 〈필기 공책〉 〈펜〉, 1928년, 국립민속박물관 | 〈휴대용 잉크통〉, 일제 강점기, 서울역사박물관
· 81쪽 〈국어독본 교과서〉, 국립민속박물관
· 83쪽 〈경성고등보통학교 화학 실습〉 〈체육 활동〉, 1921년, 서울역사박물관
· 86쪽 〈경성제국대학 법문학부〉, 1930년, 서울역사박물관
· 89쪽 〈요코하마 아카렌가 건물〉, 셔터스톡
· 92쪽 〈반도의 인상 : 여학생〉, 1939년, 철도박물관
· 95쪽 〈군산항〉, 1925년, 서울역사박물관
· 100쪽 〈조선 박람회 도회〉, 1929년, 서울역사박물관
· 102쪽 〈숭례문〉 〈태평로〉 〈용산 제 20사단〉, 1930년, 서울역사박물관
· 103쪽 〈한강 철교〉 〈영등포 피혁 공장〉 〈경성운동장〉, 1930년, 서울역사박물관
· 104쪽 〈경성 시가 전경〉, 1921년, 서울역사박물관
· 108쪽 〈노량진 전경〉, 1935년, 서울역사편찬원
· 111쪽 〈조선물산 공진회 포스터〉, 1915년, 국립민속박물관

[표지 이미지]
· 〈조선은행 앞 광장 거리 풍경〉, 서울역사박물관

경성에서 보낸 하루

초판 1쇄 발행 2024년 08월 15일

글 김향금

발행처 주식회사 스푼북　**발행인** 박상희　**총괄** 김남원
편집 길유진 김선영 박선정 김선혜 권새미
디자인 권수아 정진희　**마케팅** 구혜지 박미소
출판신고 2016년 11월 15일 제2017- 000267호
주소 (03993) 서울시 마포구 월드컵북로6길 88-7 ky21빌딩 2층
전화 02- 6357- 0050(편집) 02- 6357- 0051(마케팅)
팩스 02- 6357- 0052　**전자우편** book@spoonbook.co.kr

ⓒ 김향금 2024
ISBN 979-11-6581-547-9 (43910)